多元视域下的
教学模式与评价探究

◎ 付振桐　李文娟　谢　飞　著

中国纺织出版社有限公司

内 容 提 要

随着社会与科技的发展，国家对教育教学提出了新的要求，互联网对教学的影响也越来越大。在此背景下，传统教学方式、教学评价模式的缺点日益明显，改革教学模式、优化课堂教学评价模式成为亟须解决的问题。鉴于此，本书从创新发展视角、信息发展视角、培养学科核心素养视角、成果导向教育视角对课堂教学改革进行了深入研究，对课堂教学评价及其设计进行了探索，并在此基础上从教师和学生两个方面提出了优化课堂教学评价的策略。本书对教育领域的相关工作者具有一定的学习和参考价值。

图书在版编目（CIP）数据

多元视域下的教学模式与评价探究 / 付振桐，李文娟，谢飞著． -- 北京：中国纺织出版社有限公司，2021.7

ISBN 978-7-5180-8683-2

Ⅰ．①多… Ⅱ．①付… ②李… ③谢… Ⅲ．①高等学校－教学模式－研究－中国 Ⅳ．①G642

中国版本图书馆 CIP 数据核字（2021）第 131677 号

责任编辑：王 慧　责任校对：寇晨晨　责任印制：储志伟

中国纺织出版社有限公司出版发行
地址：北京市朝阳区百子湾东里 A407 号楼　邮政编码：100124
销售电话：010—67004422　传真：010—87155801
http://www.c-textilep.com
中国纺织出版社天猫旗舰店
官方微博 http://weibo.com/2119887771
三河市宏盛印务有限公司印刷　各地新华书店经销
2021 年 7 月第 1 版第 1 次印刷
开本：787×1092　1/16　印张：13
字数：203 千字　定价：59.00 元

前　言

随着社会的发展，国家对教育的重视程度越来越高。国家不断改革教育方式方法，创新课堂教学模式，不仅为教师更好地开展教学提供了有利条件，而且激发了学生的学习兴趣，使学生开始从不同的角度参与学习，更快地融入学习。

在互联网时代，网络同课堂教学有机地组合在一起，让课堂教学内容得以丰富，让传统教学模式得以改变。在此背景下，教师不能再利用传统教学方式硬性灌输，而是应注重对学生的引导，采取多种课堂教学方式使学生主动参与学习，让学生掌握学习的方法，追求学习的本质，有机结合各种思维模式，引发学生对所学知识的思考和对学习真谛的深入探索。改革教学模式、引入课堂教学评价都能够以积极的态度和方法引导学生主动参与学习，使学生更好地获取知识。

本书从创新发展视角、信息发展视角、培养学科核心素养视角、成果导向教育视角对课堂教学模式进行了探索，对课堂教学评价进行了深入研究，并提出了有效的课堂教学评价策略，能够激发学生对课堂教学评价的积极性。

本书首先分析了教学改革的发展和成就，并针对教学模式的创新和教学策略的优化提出了相应的策略；其次对不同视角下的课堂教学模式进行了详尽的分析，如探究式教学、体验式教学、任务驱动式教学、慕课、成果导向教育等；最后对课堂教学评价进行了论述，并提出了课堂教学评价的优化策略。本书内容充实、条理清晰，能为教师开展课堂教学实践工作提供一定的参考。

笔者在创作本书的过程中，借鉴了众多前人的资料和成果，在此向他们深表感谢。由于时间仓促以及笔者水平有限，书中难免存在一些纰漏，恳请广大读者和专家批评指正。

付振桐

2021年1月

目 录

第一章　教学改革的发展与创新

随着社会的进步，教育实现了快速发展，逐渐面向现代化，具有了更加丰富的内涵。本章将对我国教学改革的发展历程进行深入探索，分析我国教学改革所取得的成就，并对教学模式创新与教学策略优化进行探讨。

第一节　教学改革的发展历程

对于自改革开放以来我国教学改革经历了哪些阶段、有何特点，目前学界尚无定论。有学者以改革重心或方向的转换为标志，认为我国教学改革先后经历了以基础知识和基本技能为中心、以智力和能力发展为方向、以素质教育为主题、以人的全面发展和生命价值为出发点等若干发展阶段[1]。也有学者认为，改革开放以来，最先出现的教学改革是以效率为取向的局部或散点式教学改革；其次是以科学化为追求的教学实验探索；再次是随着新一轮基础教育课程改革的兴起，以"三维目标"为关注焦点的教学改革；最后则是在学校转型性变革的整体思路下开展的教学改革[2]。综合不同学者的观点，本书认为，我

---

[1]　张蓉，洪明：《我国中小学教学改革 30 余年历时性特征分析》，基础教育，2011（2）：86-90。

[2]　杨小微：《教学的实践变革与理论重建：30 年再回首》，课程・教材・教法，2010（9）：27-31。

· 1 ·

国教学改革经历了以下四个阶段。

一、教学思想和方法"破旧立新"阶段

1978—1985年为我国教学思想和方法的"破旧立新"阶段。改革开放之初的首要任务是解放思想。通过解放思想，我国实现了三个重大转变，即从以阶级斗争为纲转变为以经济建设为中心，从封闭、半封闭状态转变为对外开放，从墨守成规转变为大胆改革。邓小平同志在1978年召开的全国科学大会上指出："四个现代化，关键是科学技术的现代化""科学技术人才的培养，基础在教育"。1982年召开的中国共产党第十二次全国代表大会，把教育和科学作为实现未来20年经济发展目标的三大战略重点之一。1977年高考制度的恢复不仅是加快人才培养的需要，更是带动整个教育制度乃至社会制度变革的最关键的节点之一，是教育体制恢复与重建的突破口。以高考制度的恢复为标志，教育界成为当时全国最早、最全面地推进思想解放、拨乱反正的战线之一，尊重知识、尊重人才的现代化理念被纳入制度化的轨道并为全社会所接受。1978年，教育部重新颁发了《全日制小学暂行工作条例（草案）》《全日制中学暂行工作条例（草案）》，全面恢复了教育体制，确定了中小学的基本学制和课程设置，使基础教育迅速摆脱了混乱的局面，重新回到了正常的发展轨道。

自20世纪中叶开始，西方国家对教育教学改革的呼声此起彼落，教育教学理论流派也不断涌现。改革开放之前，我国对西方教学理论和教学改革缺乏了解；改革开放之后，我国教育界掀起了学习西方教育教学理论的热潮，西方的教育教学理论和流派纷至沓来。与此同时，我国的教育理论工作者也开始认识到我国以往的教育理论存在僵化性、保守性、贫乏性，而且与时代发展潮流之间有一条巨大的鸿沟，于是他们对具有强烈时代精神的各种西方教学理论产生了共鸣和认同感，促进了外国教学理论和流派在我国的传播。

1978年，在《外国教育资料》杂志上，邵瑞珍介绍了布鲁纳（Bruner）的结构课程理论和发现式教学，杜殿坤介绍了赞可夫以维果茨基（Vygotsky）提出的"教学要走在发展的前面"的理论为指导的长达十余年的小学教学新体系实验研究，影响了国内相当一部分有识之士，大家纷纷开始效法。此后，大量国外的教学理论被引入我国，其中对我国的教育教学理论研究和实践产生较大影响的主要有赞可夫等人提出的发展性教学思想、布鲁纳提出的结构课程理

论、巴班斯基（Babansky）提出的教学过程最优化理论、洛扎诺夫（Lozanov）提出的暗示教学理论、布卢姆（Bloom）提出的掌握学习理论、奥苏贝尔（Ausubel）提出的有意义言语学习理论、罗杰斯（Rogers）提出的非指导性教学理论、瓦根舍因（Wagenschein）提出的范例教学理论以及加涅（Gagne）提出的信息加工学习理论等。在这一时期，我国学者翻译出版了一大批有关西方教育教学理论和思想的书籍，如杜殿坤等人翻译了赞可夫的《教学与发展》和苏霍姆林斯基（Suchomlinsky）的《给教师的建议》，邵瑞珍等人翻译了布鲁纳的《教育过程》等，对了解西方教育教学理论研究和改革的最新动态，开阔视野，树立符合时代精神的现代教学观念，促进我国教学理论研究发展和教学改革，缩短我国教学理论研究与国外的差距等具有积极的作用。

我国学者对发现法、暗示教学法、掌握学习法、合作学习法等都进行了移植性的实验，发现每一种方法都有其局限性和特定的适用范围，每一种理论都有其特定的立场和产生的背景。于是，我国学者开始重视对西方教学理论各流派的研究以及各流派之间的比较，同时开始思考这些流派的思想和方法生成的特定经济、政治和文化背景，进而分析判断引进该理论的合理性与可行性。

在这一阶段，我国对教学方法与手段的改革进行了探索。1977年高考制度恢复之后，我国的中小学教学工作走上了正轨，并且经过短暂的教学规范重建，开始高度重视教学质量和教学效率。以质量和效率为中心的教学的基本特征是关注知识的结构化以及学生智力、能力的发展，能够大幅缩短学科的教学年限。

质量和效率成为教学改革核心价值取向的主要原因有两点：一是国家对人才的急切需求激励了相关学者大胆追求提高教育效率的捷径；二是受到了苏联缩短小学学制（由四年改为三年）的影响。这一时期的教学改革虽然只有少数人参与，但是激发了相关学者的研究热情，有利于以点带面地展开教学改革。

二、全面探索教学方法、手段、模式阶段

1985—2000年是全面探索教学方法、手段、模式的阶段。1985年颁布的《中共中央关于教育体制改革的决定》明确指出了我国教育存在的种种问题和弊端："在教育思想、教育内容、教育方法上，从小培养学生独立生活和思考的能力很不够，发扬立志为祖国富强而献身的精神很不够，生动活泼地用马克

思主义思想教育学生很不够，不少课程内容陈旧，教学方法死板，实践环节不被重视，专业设置过于狭窄，不同程度地脱离了经济和社会发展的需要，落后于当代科学文化的发展。"该文件还阐明："改革教学内容、教学方法、教学制度，提高教学质量，是一项十分重要而迫切的任务。要针对现存的弊端，积极进行教学改革的各种试验。"虽然这段话是针对高等教育的，但是其精神同样适用于基础教育领域的改革。

1986年，我国颁布了《中华人民共和国义务教育法》，要求"依法实施义务教育的学校应当按照规定标准完成教育教学任务，保证教育教学质量"，并指出"国家鼓励学校和教师采用启发式教育等教育教学方法，提高教育教学质量""教师在教育教学中应当平等对待学生，关注学生的个体差异，因材施教，促进学生的充分发展"。

1986年出台的《义务教育全日制小学初级中学教学计划（初稿）》，把活动课纳入课程体系，把小学劳动课、初中劳技课列入课表，在义务教育阶段引入职业技术教育，赋予地方安排课程的自主权，把小学自然课提前到一年级，设置综合课程等。这些举措的提出正是为了克服我国教育当时存在的弊端，不断提高教学质量，帮助学生做好在毕业后走上生产劳动岗位的准备❶。

随着时间的推移和认识的深化，我国的教学改革从内容、方法、手段及组织形式层面，逐渐转向了具有综合视角的学校层面的教育改革实验，如在上海、浙江、湖北等地开展的愉快教育实验、成功教育实验、学校整体改革实验等。这些革新尝试刺激了国内一些有志于教育实验理论探索和实践尝试的学者对理论的追求，他们自动聚集起来进行学术研讨。从1988年开始，他们连续五年都在探讨教育/教学实验的理论基础、设计和评价、科学化等问题。然而，这些革新尝试也引发了诸多争议，如"教育实验应当宽泛定义还是严格定义""教育实验是否只能是准实验""教育实验是否只能成功不能失败""整体改革能否采用实验的研究方法""教育实验需不需要/能不能/如何科学化""如何评价教育实验"等。这些问题又进一步引起了相关学者的兴趣。

相关学者高度关注教育实验，在很大程度上是因为西方教学理论及实验

---

❶ 王文湛：《关于〈义务教育全日制小学初级中学教学计划〉（初稿）的几个问题》，人民教育，1986（12）：18-20。

的大量引进，如发现学习法、范例教学法、暗示教学法、掌握学习法以及在背后起支撑作用的相关理论等，都在当时产生了较大的影响。从苏联学者赞可夫的"教学与发展教学新体系"中可以发现，教学不仅要适应学生发展的现实状况，而且要着眼于可能的发展状况（即"最近发展区"），从而使教学走在发展的前面；从布鲁纳的结构课程与发现法教学中可以发现，在课堂上引导学生关注问题并使其以亲历的方式发现知识结构，有助于实现原理与态度的普遍迁移……❶这些教学理论及实验给了中国一线教师和研究教学理论的学者极大的启示，甚至掀起了教学改革实验的热潮。

这一阶段的教学改革表明，相关学者试图摆脱经验与思辨的局限，开始关注教学改革中的因果关系或相关关系，注重教学改革的事实依据与科学证明。当然，这一阶段的教学改革也存在简单理解实证精神、机械套用实验模式等问题。

三、教学引导学生参与、实践、探究阶段

2000—2010年为教学作为课程实施的基本途径引导学生参与、实践和探索的阶段。经过长时间的酝酿、调研和设计，义务教育阶段的新课程改革方案正式启动，我国的教学改革也由此进入了课程改革视域下的新阶段。1999年发布的《中共中央国务院关于深化教育改革，全面推进素质教育的决定》（以下简称《99决定》）要求学校的"智育工作要转变教育观念，改革人才培养模式，积极实行启发式和讨论式教学，激发学生独立思考和创新的意识，切实提高教学质量。要让学生感受、理解知识产生和发展的过程，培养学生的科学精神和创新思维习惯，重视培养学生收集处理信息的能力、获取新知识的能力、分析和解决问题的能力、语言文字表达能力以及团结协作和社会活动的能力"。启发式、讨论式方法的提倡，科学精神、创新思维、各种能力的培养，都为我国教学改革开启了新思路。

《99决定》还对课程改革和教学内容更新提出了新要求，如"抓紧建立更新教学内容的机制，加强课程的综合性和实践性，重视实验课教学，培养学生实际操作能力。要增强农村特别是贫困地区义务教育的课程、教材与当地经济

---

❶ ［美］布鲁纳：《发现的行为》，邵瑞珍译，北京：人民教育出版社，1988。

社会发展的适应性。促进教材的多样化，进一步完善国家对基础教育教材的评审制度"等。《99决定》还明确要求"积极推进教学改革，提高课堂教学的质量，国家和地方要奖励并推广符合素质教育要求的优秀教学成果"。

2001年，教育部印发的《基础教育课程改革纲要（试行）》，从教学过程和教学技术应用两个方面对教学改革提出了十分具体的要求：

①教师在教学过程中应与学生积极互动、共同发展，要处理好传授知识与培养能力的关系，注重培养学生的独立性和自主性，引导学生质疑、调查、探究，在实践中学习，促进学生在教师指导下主动地、富有个性地学习。教师应尊重学生的人格，关注个体差异，满足不同学生的学习需要，创设能引导学生主动参与的教育环境，激发学生的学习积极性，培养学生掌握和运用知识的态度和能力，使每个学生都能得到充分的发展。

②大力推进信息技术在教学过程中的普遍应用，促进信息技术与学科课程的整合，逐步实现教学内容的呈现方式、学生的学习方式、教师的教学方式和师生互动方式的变革，充分发挥信息技术的优势，为学生的学习和发展提供丰富多彩的教育环境和有力的学习工具。

四、学思结合、知行合一、因材施教的全面深化阶段

2010年至今，为学思结合、知行合一、因材施教的全面深化阶段。在新课程改革启动十年之后，我国教育教学改革迎来了一个新的阶段。国家宏观教育决策打破了"五年一规划"的惯例，发布了一个时长为十年的中长期规划纲要，即《国家中长期教育改革和发展规划纲要（2010—2020年）》（以下简称《中长期规划纲要》）。《中长期规划纲要》要求"办好每一所学校，教好每一个学生""关注学生不同特点和个性差异，发展每一个学生的优势潜能"。

《中长期规划纲要》还提出要"建立国家义务教育质量基本标准和监测制度。严格执行义务教育国家课程标准、教师资格标准。深化课程与教学方法改革，推行小班教学。配齐音乐、体育、美术等学科教师，开足开好规定课程。"这些都是对新阶段教学改革更加全面、系统和具体的要求。

学生过重的课业负担，似乎成为一个难以得到根本解决的"顽疾"。对此，《中长期规划纲要》特别指出："学校要把减负落实到教育教学各个环节，给学生留下了解社会、深入思考、动手实践、健身娱乐的时间。提高教师

业务素质，改进教学方法，增强课堂教学效果，减少作业量和考试次数。培养学生学习兴趣和爱好。严格执行课程方案，不得增加课时和提高难度。"

《中长期规划纲要》在第三十二条具体阐述了创新人才培养模式的内涵与路径，提出了学思结合、知行统一、因材施教这三个值得关注的原则。学思结合"倡导启发式、探究式、讨论式、参与式教学，帮助学生学会学习。激发学生的好奇心，培养学生的兴趣爱好，营造独立思考、自由探索、勇于创新的良好环境"，还对推进课程改革、加强教材建设及建立健全教材质量监管制度、形成教学内容更新机制、发挥现代信息技术作用等方面提出了要求。知行统一强调"坚持教育教学与生产劳动、社会实践相结合。开发实践课程和活动课程，增强学生科学实验、生产实习和技能实训的成效。充分利用社会教育资源，开展各种课外及校外活动。加强中小学校外活动场所建设"等。因材施教提及要"关注学生不同特点和个性差异，发展每一个学生的优势潜能。推进分层教学、走班制、学分制、导师制等教学管理制度改革。建立学习困难学生的帮助机制。改进优异学生培养方式，在跳级、转学、转换专业以及选修更高学段课程等方面给予支持和指导。健全公开、平等、竞争、择优的选拔方式，改进中学生升学推荐办法，创新研究生培养方法。探索高中阶段、高等学校拔尖学生培养模式"。《中长期规划纲要》在学思结合、知行统一、因材施教这些富有中国文化深厚特质的表述中，融入了极富时代特征的先进教育思想。

2017年，中共中央办公厅、国务院办公厅印发了《关于深化教育体制机制改革的意见》（以下简称《2017深改意见》）。《2017深改意见》"强调要建立以学生发展为本的新型教学关系。改进教学方式和学习方式，变革教学组织形式，创新教学手段，改革学生评价方式"。在核心素养在全国范围内得到普遍关注的背景下，《2017深改意见》突出强调了构成核心素养的关键能力，指出"要注重培养支撑终身发展、适应时代要求的关键能力。在培养学生基础知识和基本技能的过程中，强化学生关键能力培养"。这里所说的关键能力培养包括四个方面：一是"培养认知能力，引导学生具备独立思考、逻辑推理、信息加工、学会学习、语言表达和文字写作的素养，养成终身学习的意识和能力"；二是"培养合作能力，引导学生学会自我管理，学会与他人合作，学会过集体生活，学会处理好个人与社会的关系，遵守、履行道德准则和行为规范"；三是"培养创新能力，激发学生好奇心、想象力和创新思维，养成创新人格，鼓励学生勇于探索、大胆尝试、创新创造"；四是"培养职业能力，引导学生适应社会需求，树立爱岗敬业、精益求精的职业精神，践行知行合一，积极动手实践和解决实际问题"。

第二节　教学改革取得的成就

一、开展教学改革实验以探寻高效率教学之路

在我国，教育改革与教育实验总是密切相关，教学改革也不能离开教学实验的先导和探索。人们总是愿意"将教育实验（试验）视为教育改革的先导，即通过试点探寻典型经验，然后在大面积推广中达成教育改革"❶。

随着近代学制的建立，如何在学校内部除旧布新的问题变得急迫；同时，随着大量西方教育思潮的涌入，认真审视其对我国本土教育的适应性与有效性也成为一个亟待完成的任务。在这些外因内需的作用下，我国第一股教育实验的热潮于20世纪二三十年代掀起。在此背景下，我国不仅涌现出大量从教育心理和儿童心理角度开展的微观的、具有严格规范的教学实验，而且产生了不少对后世有重大影响的学校实验和综合性的社会教育实验，如陈鹤琴的"活教育"实验、陶行知的"生活教育"实验、晏阳初的定县平民教育实验、梁漱的乡村建设实验以及黄炎培的职业教育实验等。

20世纪八九十年代，我国迎来了教学改革实验的第二个大繁荣时期。1990年，徐晓峰、刘芳所编的《教育教学改革新篇》收录了大约40项实验；同年，刘舒生等人所编的《教学法大全》中的"国内教改中的新教学法"收录了170多种教学法。此外，还有华东师范大学、华中师范大学、杭州大学（今浙江大学）、北京市教科所等与中小学合作进行的中小学教育整体（综合）改革实验，上海师范大学教科所的"充分挖掘儿童少年智慧潜力的教改实验"，上海育才中学的"读读、议议、练练、讲讲"八字教学法，北京景山学校的以学制改革为龙头的多项改革实验，上海闸北第八中学的成功教育实验，丁义诚等人

---

❶ 喻本伐：《走出迷宫：中国当代教育实验述评》，华中师范大学学报（人文社会科学版），2006（3）：120-126。

的"注音识字、提前读写实验"，张田若等人的"集中识字—大量阅读—分布习作实验"，李吉林的"情境教学实验"，黄继鲁的"小学数学三算结合实验"，马芯兰的"改革小学数学教材教法，调整知识结构，培养能力实验"，赵宋光的"综合构建法数学教学新体系实验"，邱学华的"小学数学尝试教学法实验"，卢仲衡的"中学数学自学辅导教学实验"，钱梦龙的"三主四式语文导读法实验"，黎世法的"六课型单元教学法实验"，顾泠沅的"尝试指导、效果回授教学实验"，魏书生的"六步教学法实验"等，各种教学实验精彩纷呈❶。

二、落实新课程理念和目标的多样化教学模式与策略

自新课程改革实施以来，最受关注同时也引发了最多热议的教学模式，当数"先学后教"的教学模式。事实上，在新课程改革开始之前便已有了很多类似于"先学后教"的教学主张，如段力佩的"读议练讲"法、邱学华的"尝试教学法"、卢仲衡的"自学辅导教学实验"、黎世法的"异步教学论"、魏书生的"六步教学法"等。这些教学主张都把学生自学、自读等环节置于教师的正式讲授或答疑之前。新课程改革启动之后出现的洋思中学的教学法、杜郎口中学的教学法和东庐中学的教学法，也可视为"先学后教"教学模式。

洋思中学经过多年实践总结出了"先学后教，当堂训练"的教学模式，这一模式将课堂教学分为五个环节：一是教师提出每一堂课的学习目标和自学要求；二是学生根据自学要求自学，教师通过巡视发现学生自学中出现的问题；三是学生汇报自学结果（差生优先）；四是学生讨论，教师分析学生的自学结果，纠正学生出现的错误；五是学生当堂完成作业，教师当堂批改作业。

杜郎口中学则提出了"三三六自主学习模式"，这一教学模式在全国范围内产生了较大的影响。"三三六"是指课堂教学的三个特点、三个环节和六个步骤。三个特点即立体式、大容量、快节奏；三个环节即预习、展示、反馈；六个步骤即预习交流、明确目标、分组合作、拓展提升、穿插巩固、达标测评。

东庐中学围绕"学生先学什么"开展教学改革，设计出了适合各种学生的"讲学稿"。"讲学稿"可以将教师的"教"与学生的"学"合二为一，其功能为"导学、导思、导练"。在整个教学活动中，即从前一天晚上的预习、自

---

❶　王策三：《教学实验论》，北京：人民教育出版社，1998：175-176。

学，到第二天课堂上的释疑、巩固，学生产生疑问、探究疑问、解决疑问的全过程都会在"讲学稿"上留下清晰的印记，教师可以据此随时检查、指导和调控学生的学习情况❶。

将教学改革思路与创新育人模式及课程改革结合起来进行探索的典型是北京十一学校。北京十一学校把课程改革作为学校顶层设计，以选课制为运行机制，建立了适合每一位学生个性发展的可选择的课程体系。在北京十一学校，没有班级，没有班主任，学生每天根据自己的兴趣在不同的教室"走班上课"。与此同时，北京十一学校还建立了科学多元的评价与诊断体系和全员育人的网络结构，真正实现了现代学校教育制度中的"因材施教"，使现代教育的价值得以落实❷。

《国家中长期教育改革和发展规划纲要（2010—2020年）》指出，要"关注学生不同特点和个性差异，发展每一个学生的优势潜能。推进分层教学、走班制、学分制、导师制等教学管理制度改革"。这无疑将催生教学模式和教学策略百花争艳的大好局面，而从中深深受益的将是莘莘学子。

三、为教好学生探寻教育公平之路

随着教育改革的深入，人们对教育公平的关注重心已经从以资源配置为标志的"起点公平"转向以平等对待为特征的"过程公平"。在这样的背景下，华东师范大学教育学部"学校内部公平指数研究"课题组从学校内部公平问题切入，以指数的方式探究了教育公平的实际状况。由于学校内部公平主要表现在教师对待学生的方式上，课题组提出了由"人际对待"维度（包括平等对待、差别对待、公平体验、反向指数）和"活动领域"维度（包括管理与领导、课程与教学、班级与活动）构成的分析框架。依据该分析框架，课题组选取了17所样本学校，得到了131个有效样本班，其中有效学生样本4 427份，有效家长样本3 773份，有效教师样本306份。

通过问卷调查，课题组收集到了大量数据，经数据处理分析得出了若干结

---

❶ 余文森，刘家访：《改革开放 35 年来我国中小学教学改革模式评析》，教师教育学报，2015（6）：65-71。

❷ 迟艳杰：《北京十一学校课程改革的意义及深化发展的问题》，当代教育与文化，2015（4）：66-70。

论，具体内容如下。

学校层面的公平状况体现在四个方面：一是学校内部公平的总体情况良好；二是学生、家长、教师对于学校内部公平状况的认知存在差异；三是东部学校在过程公平方面的表现要好于中西部学校；四是不同学校之间存在显著差异，学校管理与文化氛围可能是影响学校内部公平的重要因素。

学生个人层面的公平状况体现在两个方面：一是学生公正体验整体情况良好，学生的公平感与信任感指数较高，满意度指数较低，说明学校对学生满意度的关注不够；二是不同学生之间的差异比较大，具体体现为中西部地区学生的公正体验指数高于东部学生，班级排名靠后学生的公正体验指数低于班级排名靠前的学生，家庭经济条件较好学生的公正体验指数高于家庭条件一般的学生，说明依旧有部分学生认为自己受到了不公正待遇。

学校内部公平指数不仅反映了学生在学校日常管理、课程、教学、活动中受到的对待，也反映了学校对学生学习需求的满足程度，可以将其视为衡量学校教育质量的指标之一。学校应该在最大限度地为学生提供学习机会与学习资源的同时，关注合理分配的问题，并要求教师在师生互动中尊重学生，以促进教育公平。

上海市"课堂教学中教育公平问题研究"课题组为了更好地把握课堂教学公平现状，在文献分析、理论探讨以及实地观察的基础上，开发研制了《课堂教学公平观察量表》。课题组从平等性、差异性和发展性三个方面探讨了教学公平的内涵，以此确立了《课堂教学公平观察量表》的设计依据，提出了学生参与课堂学习、教师对学生的反馈、教师对学生的个别关注、课堂教学目标与内容的安排、课堂教学方法与手段的运用、课堂教学资源的分配六个课题观察维度。《课堂教学公平观察量表》为了解教育公平现状提供了实证数据，丰富了课堂教学公平研究的方法与内容；为教师关注学生差异、开展以学定教、推进课堂教学公平提供了有效、可靠、可操作的工具❶。

四、创新人才培养模式和营造新的教学文化

《国家中长期教育改革和发展规划纲要（2010—2020年）》提出要创新人

---

❶ 李金钊：《课堂教学公平观察量表的设计及观察方法》，上海教育科研，2012（3）：66-69。

才培养模式，要求"适应国家和社会发展需要，遵循教育规律和人才成长规律，深化教育教学改革，创新教育教学方法，探索多种培养方式，形成各类人才辈出、拔尖创新人才不断涌现的局面"❶。对此，教育教学改革应体现个性化、高参与、广互动、深思辨、善表达、多实践、低负担、高效益的特征；要调整好教与学的关系，为学而教、以学论教、先学后教、多学少教；要把课堂还给学生，发挥学生的主体性。深化教育教学改革的关键在于创新课堂教学模式，而创新课堂教学模式要围绕三方面展开：一是要突破教育的功利性，回归教育的本来面目，真正尊重课堂教学规律；二是要因材施教，使每个学生都能在自身的基础上获得发展；三是要培养学生主动、自发学习的良好习惯❷。

在改革和发展的背景下，教学文化的转型是一个既要"立"又要"破"的过程。有学者认为，新课程改革呼唤课堂打破隔离、守成、控制和中庸的传统教学文化形态，构建合作、开放、民主和创新的新教学文化形态❸；也有学者反思，从教材改革入手推进课程改革尽管有其必要性，但也有使改革成为单一的技术操作行动、遭遇瓶颈阻碍之危险，并提出"当下的课程改革需要回到课程改革作为文化变革实践这一继承性变革的视角，通过关注课程改革的文化处境、保持必要的文化张力和尊重教师的文化主体地位，将自上而下的专业化改革行动与自下而上的文化创造与革新相互联结，以突破课程改革作为教材改革实践的痼疾"❹。

教学文化的转型，从根本上说有赖于学校乃至教育的整体转型。换言之，在学校变革大框架下进行的教学改革，有望带来文化意义上的彻底转变。转型性的变革，要求学校中的每门学科都要在教学价值观、内容观、过程观和评价观上进行根本性的变革。叶澜主张的"新基础教育"理论中的学科课堂教学改革就是一个典型。这种教学改革强调从所有学科共通的、每门学科独有的、每

---

❶ 中共中央国务院：《国家中长期教育改革和发展规划纲要（2010—2020年）》，中国民族教育，2010（3）：1-17。

❷ 余丽红：《深化课堂教学改革 创新人才培养模式——全国课堂教学模式创新研讨会暨〈中国教育学刊〉2010年度工作会议综述》，中国教育学刊，2010（11）：91-92。

❸ 卢尚建：《新课程背景下的课堂教学文化型态：打破与重建》，全球教育展望，2008（7）：20-23，27。

❹ 程良宏：《从教材改革到文化变革：基础教育课程改革的视域演进》，教育发展研究，2015（2）：47-52。

个教学单元中具体的这三个层面去理解和体现教学的育人价值，强调教学内容与学生实际、社会生活的内在联系以及知识和方法的结构化，强调教学过程中的多向互动、动态生成，强调教学评价标准及方式与改革者价值追求的内在一致。关注日常化的教学变革以及在此变革过程中师生的共同成长。❶

五、打造敬事业、爱学生、善思考、会创新的教师队伍

2015年1月9日，上海市的199所初中（依据国际标准，按公办与民办、市区与郊区学校分类抽样选出）的近4 000名教师和193名校长，同时通过网络参加了经济合作与发展组织的教师教学国际调查（Teaching and Learning International Survey，TALIS）。调查结果显示，上海市的初中在教师入职前的专业准备程度、教师入职后的培训与教师带教、教师对在职进修的参与广度、教师每年对专业发展的投入时间和校长领导力培训等方面的数据都远远高于国际平均值。

在教师专业发展活动方面，上海市优势显著，不仅初中教师入职培训和带教活动基本实现了全覆盖，而且教师一年中用于各项专业发展活动的天数高达62.8天，是国际均值（27.6天）的两倍多。经济合作与发展组织的专家认为，上海市教师投入大量的时间相互学习，进行个人职业发展，是缩小教师水平差距乃至校际差距的重要因素。

调查报告还指出，上海市的教师重视个性化教学方法。调查报告显示，有70.9％的上海市教师参与了个性化教学方法的专业发展活动，为所有国家（地区）中比例最高。在校长领导能力方面，调查报告显示上海市的初中校长专业化培训参与度高，强度最大，并且注重在课程教学方面的引领。

然而，上海市的教师在教师政策、教师专业发展和教育教学理念与方法方面还存在不少的短板甚至盲点。

第一，上海市的教师对学生生涯发展的指导（21.9％）低于发达国家和国际平均值（25.0％）。上海市的教师关注学生学业成绩的提升，但很少将学生的学业与他们的个性特长、未来职业发展结合起来。

第二，上海市的教师在信息交流技术的运用方面存在盲点。从对校长和

---

❶　杨小微：《教学的实践变革与理论重建：30 年再回首》，课程·教材·教法，2010（9）：27-31。

教师的问卷调查结果来看，上海市的学校普遍设有校园网、计算机房，台式电脑、手提电脑和平板电脑都相当普及，网络课程和教师网上交流也高于国际平均值；然而，上海市的教师要求学生用信息技术完成作业或学习任务的比例（15.2%）却不到国际平均值（38.0%）的一半。

第三，上海市的教师接触社会、企业和社会组织的机会较少。TALIS中有两个不起眼的问题：一是"教师是否有到商业机构、公共机构和非政府组织参观考察的经验"；二是"教师是否参与过由商业机构、公共机构和非政府组织提供的培训课程"。尽管教师接触社会、企业和社会组织的国际平均值也不高，但上海市的教师在这方面的平均值更低。这一问题折射出上海市的教师对社会生活和变化的关注不足。❶

第三节　教学模式创新与教学策略优化

一、教学模式创新

教学模式是指在一定教学思想或教学理论的指导下建立起来的较为稳定的教学活动结构框架和活动程序，是当前教学研究的热点问题。

教学模式来源于实践，又高于实践，同时也是对教学理论的具体化。教学模式这一概念的提出有利于弥合教学理论与教学实践之间的鸿沟，实现理论研究者和实践工作者之间的沟通和对话。

（一）教学模式的内涵

"模式"的英文是"Model"，也称作"模型""范例"等。它将不能直接观察的现象转换为较具体化的东西以便观察，试图说明整个结构或过程的主要构成要素以及各要素之间的关系。人们很难对教学活动这个复杂的系统进行直接观察，也很难在自然状态下把握其要素与关系，于是教学模式这一概念应运而生。人们可以利用教学模式，抽取教学活动中的主要因素和环节，降低其复杂性，以便在一个较为简化的框架内对该现象进行探讨和研究。

❶　董少校：《点赞声中，静思"短板"》，中国教育报，2016-03-22。

一些国外学者认为，教学模式是一种可以用来设置课程（诸学科的长期教程）、设计教学材料、指导课堂或其他场合的教学的计划或类型。[1]国内学者从不同角度对教学模式做出了解释。例如，教学模式是在一定的教学思想的指导下，围绕教学活动中的某一主题形成的相对稳定的、系统化和理论化的教学范型[2]；教学模式是人们为了特定的认识目的，对教学活动结构所做的类比的、简略的、假定的表达[3]。虽然对教学模式的定义五花八门，但综合各种定义可以发现，教学模式主要具有以下内涵。

1. 理论依据

理论依据是支撑教学模式的基石，是一定教学理论或教学思想的反映。它背后的教学思想是其深层内隐的灵魂和精髓，反映了教学模式的内在特征，决定了教学模式的方向，体现了教学模式的独特性。例如，程序教学模式的理论依据是行为主义心理学，非指导性教学模式的理论依据是人本主义心理学。

2. 教学目标

教学目标是学生通过教学活动所要达到的预期学习结果，是教育者对教学活动在学生身上产生的结果和效用的预先估计。任何教学模式都是为达到特定的教学目标而设计的，如德国范例教学模式的教学目标在于使学生从基本概念和基本知识中选出示范性材料，培养学生独立思考和独立工作的能力。教学目标的实现以及人们对教学目标认识的发展，可以帮助人们调整或重组教学结构，使教学模式得以日益完善。

3. 操作程序

任何教学模式都有一套独特的操作程序，它能具体说明教学活动的逻辑步骤，以及各步骤所要完成的任务，如师生先做什么、后做什么等，具有明显的时间性、顺序性和可操作性等特点。由于在教学过程中，教材内容的展开顺序、教学方法的交替使用顺序和师生内在的心理活动顺序等具有复杂性，人们可以从多个角度提出教学活动的基本阶段及其逻辑顺序。因此，虽然教学模式的操作程序相对稳定，但是它也不是一成不变的。

---

[1]　［美］乔伊斯，威尔：《当代西方教学模式》，丁证霖等译，太原：山西教育出版社，1991。

[2]　李秉德：《教学论》，北京：人民教育出版社，1991。

[3]　熊川武：《教学模式实质说》，教育研究，1993（6）：42-46。

4. 支持系统

支持系统是促使教学模式发挥效力、完成一定的教学目标所需的各种条件的最佳组合。在不同的教学内容和教学情境下，教学模式的支持系统可以为教师选择和运用合适的教学策略提供建议。

（二）教学模式的创新

改革开放以来，如火如荼的教学改革呼唤教学理论界提供更精练、更易于操作、更具本土化色彩的教学模式。在一线教师与教学理论工作者的合作研究之下，越来越多的教学模式被创造出来，如认知教学模式、情感教学模式等。

1. 认知教学模式

美国认知学派心理学家布鲁纳最早提出了认知结构的观点，并提出要重视学生认知结构的发展。布鲁纳认为，学习的实质在于主动地形成认知结构，学生不是被动地接受知识，而是主动地获取知识，并通过把新获得的知识和已有的认知结构联系起来，积极地构建其知识体系。他指出，无论教师教什么学科，都务必使学生理解该学科的基本结构。布鲁纳认为，基本概念和原理是学科结构最基本的要素，学习结构就是学习事物是怎样产生联系的，因为这些基本结构反映了事物之间的联系，具有普遍而有力的适用性。

这一教学模式的基本特征是关注学生对结构化知识的获得以及智力能力的发展，通过传授结构性知识来帮助学生形成对知识的理解记忆、迁移和运用。通过运用这一教学模式，一些学科的教学年限大大缩短。

2. 情感教学模式

传统教学理论认为教学是一种特殊的认识活动，以知识发展和技能训练为重点，忽视了教学的育人价值，即教学对人的生命发展的意义。2001年6月，国家教育部出台了《基础教育课程改革纲要（试行）》，明确提出要改变课程过于重视知识传授的倾向，要"关注学生的学习兴趣和经验……倡导学生主动参与、乐于探究、勤于动手"；要求课程标准结合本学科特点，加强过程性、体验性，引导学生主动参与亲身实践。❶自此，关注学生在学习中的情感和体验成为教学改革的热点问题，以学生"情感"为中心的教学理论和改革试验不断

---

❶ 教育部：《基础教育课程改革纲要（试行）》，人民教育，2001（1）：17-19。

涌现。

　　情感不同于认知或经验，是具有主观性的心理活动，因此情感教学应重视学生的内在情感和体验，依据个体的认知特点，通过创造或再现一定的教学情境，使学生在亲身经历的过程中主动理解并建构知识、发展能力、产生情感、获得生成性发展。情感教学所关心的不仅是学生通过教学能达到的认知水平或能获得的技能技巧，还有人的生命价值的彰显和扩展，以及学生对生命的感悟和思考。参与教学的师生都是独特的生命体，是由知、情、意共同构成的生命体。教育应当是关乎生命的活动，因为"教育是依靠人的特殊的精神生命活动的过程，它最终或基本上是由一个具有整体性、活动性和生长性的生命自己实现的"❶。情感教学模式就是能够满足学生生命发展所需的教学方式，它能让学生在体验中有所发现、有所成长，让课堂焕发出生命力。

　　情感教学模式的特点表现在三个方面：

　　首先，情感教学模式尊重与关怀每个学生，理解个体之间的差异性，认为每位学生都具有无限发展的可能，其目标的设定不局限于当下，而是考虑到遥远未来的结果。

　　其次，情感教学模式能够满足学生自主发展的需要，满足其不断追问、探索、创造并借此获得成就感和意义感的欲望。如此一来，学生能在这一过程中体会到自我存在的价值，使自主意识得到培育。

　　最后，情感教学模式下的师生是相互尊重且相互理解的，教师不仅要"传道授业解惑"，而且要把学生当作独立个体来看待，实现真正意义上的对话，实现精神与心理的沟通。

　　对于学生而言，情感是促进学习的精神力量，更是完美人格及幸福人生的构成基础。"生命·实践"教育学派的开创者叶澜教授用动态生成的观点阐述了教学的丰富含义，尤其强调学生在学习中的情感体验和生命体验。她认为课堂教学应当被视为师生人生中一段重要的生命经历，是他们生命的有意义的构成部分。因此，课堂教学目标的设定不应局限于发展学生的认知能力，还要把情感目标纳入其中，挖掘课堂教学蕴含的巨大生命活力，满足学生作为"人"的全面发展需求。

---

❶　闫守轩：《体验与体验教学》，教育科学，2004（6）：34-36。

　　情境教学模式以形真、情深、意远、理寓其中为特点，以生动形象的场景唤起学生的学习情绪，与教师的语言、情感、教学内容、课堂氛围等共同形成广阔的心理场，促使学生自觉投入学习活动。在情感教学模式下，教学情境大多源自生活，以简化的形体暗示手法，使学生获得与现实相对应的形象，给学生以真切之感。❶

　　情境教学模式的内在实验机制包括五个方面：一是以培养学生兴趣为前提，促进学生向知识领域不断探索。通过新异的教学手段创设情境，激发学生的学习情绪，满足其好奇心和求知欲望；二是以指导观察为基础，强化学生对情境的感受。情境教学提倡让学生回归自然，通过观察感知周围世界，再由教师加以启发性的导语，唤起学生对美的想象；三是以发展思维为重点，着眼于学生的创造性思维培养。情境教学以"发展"为教学目的，重点发展学生的思维品质，尤其注重对学生创造性思维的培养；四是以陶冶情感为动因，进行道德渗透教育。情境教学引导学生从感受形象出发，在真实的情感中形成正确的道德观念。五是以训练语言为手段，贯穿实践性。❷

　　情境教学实验在发展的过程中逐渐形成了以情景交融为特色的教学体系，使情境的价值和功能在教学实践中得以实现。特别是在人文学科的教学中，引导学生在情境中亲身实践，调动学生的情感进行充分的体验式教学，是落实学生主体地位、实现学生自主建构的良好选择。情境教学实验在发展的过程中形成了独特的情境教育理论体系和操作模式，将课堂知识与社会环境联系起来，将学生的认知活动与情感活动结合起来，不失为提高学生整体素质的有益尝试。

3. 掌握学习模式

　　布卢姆和卡罗尔（Carrol）是掌握学习模式的倡导者。布卢姆发现，每个教师在新学期或新课程开始时，总怀着这样的预想：大约有三分之一的学生将完全学会所教的事物，三分之一的学生将不及格或刚好"通过"，另外三分之一的学生将学会所教的许多事物，但还算不上是"好学生"。❸

---

❶ 李吉林：《情境教学实验与研究》，成都：四川教育出版社，1998。

❷ 李吉林：《情境教学的理论与实践》，人民教育，1991（5）：27-33。

❸ ［美］本杰明·S. 布卢姆：《布卢姆掌握学习论文集》，王钢等译，福州：福州教育出版社，1986。

　　布卢姆指出，完全接受这种设想，意味着承认学校对学生能力的作用非常微弱，导致学生能力差异的原因并不在学校。在这种设想下，人们认为学校的任务就是筛选出"好学生"，并鼓励其接受尽可能多的教育。

　　但是，布卢姆并不赞成这种观点，他认为造成学生之间差异日益扩大的原因是教师没有对学生在学习上碰到的困难采取任何措施。布卢姆认为，教师应该转变对学生及其学习态度的看法，因为大多数学生是可以学会教师教给他们的所有知识的，他们之所以没有学会，是因为教师没能对他们进行有针对性的指导。虽然大多数教师都是真正关心学生的进步的，但是传统的课堂结构阻碍了学生接受教师的针对性指导。于是，在传统课堂中，大多数教师倾向于把大部分精力花在"好学生"身上。

　　20世纪60年代初，哈佛大学的研究员卡罗尔提出，只要有足够的时间和机会，每个学生都能完成高水平的学习。❶

　　布卢姆和他的学生们研究证实了卡罗尔的说法。为了解决传统学习观带来的问题，布卢姆花了几年的时间考察了当时的课堂教学模式的有效性，并最终提出了能够改进课堂教学的掌握学习模式。

　　掌握学习模式建立在失败不是教育过程的必然结果这一前提基础上。掌握学习模式下的课堂与传统课堂并没有很大的差异，二者不同之处主要体现在学习任务的先后次序和考试上。在传统课堂中，考试用来决定考生的等级；而在掌握学习模式下的课堂中，考试是对学生进行的诊断性的预测，其目的是帮助教师衡量学生对知识的理解水平。考试过后，没有充分掌握知识的学生将得到进一步的帮助，已经掌握了知识的学生将进一步学习更丰富的内容，以便更精确、深入地理解所学知识，同时他们也需要帮助其他学生掌握所学知识。另外，在考试结束后，对于已发现的共同性错误，即大部分学生都会犯的错误，教师应及时进行讲解；对于其他错误，则可让学生以2～3人一组的分组形式互相检查并互相帮助。

　　除此之外，在掌握学习模式下，教师还可以为学生提供矫正性反馈，即参照考试中的个人错误，利用课外时间有针对性地给学生布置额外的作业，帮助其掌握所学知识。布卢姆指出，学生并不会如人们所想的那样排斥额外的作

---

❶　［美］本杰明·S. 布卢姆：《布卢姆掌握学习论文集》，王钢等译，福州：福州教育出版社，1986。

业，当学生发现自己可以通过努力达到学习目标时，他们便会主动付出更多的努力。

可以发现，掌握学习模式的显著特点是评价与反馈。掌握学习模式与传统教学模式的最大区别在于，教师必须清楚地了解学生是否对学习过程中的每一步骤都做了充分的准备。在实施掌握学习模式的班级，有80%～85%的学生在开始下一步学习前就已经掌握了相应的知识，并且这一比例不仅不会随着学习任务的增多而下降，反而会上升。布卢姆指出，这与掌握学习模式导致的心理效益有关。如果学生感到自己可以胜任现阶段的学习，那么其学习兴趣就会增强；如果感到自己不能胜任现阶段的学习，那么其就会对学习失去兴趣。

同时，布卢姆亦承认部分学生可能天生存在部分缺陷，即使利用掌握学习模式也无法使他掌握所学知识；但是95%～97%的学生都可以通过掌握学习模式提高学习效果。

4. 合作教学模式

合作教学模式是于20世纪80年代创立的教学模式，是指以尊重学生个性、发扬人道主义精神为宗旨，与权力主义、强迫命令的教学理论相对立的教学模式。这一教学模式的显著特点是创建相互合作、相互信任的师生关系，尊重学生个性，让学生在学习过程中自由选择、全身心投入，从而实现教学与发展、教学与生活的和谐统一。合作教学模式要求教师带着对学生的关心走近学生的生活，做学生的朋友、伙伴，站在学生成长的角度来看待和理解学生的行为，满足学生个性发展所需。这是因为只有从学生的立场出发组织教学，与学生合作，才可能激发学生的主动参与性，使学生积极投身于学习活动。

合作教学模式提出了发展性、人性化、合作性的教学原则。

第一，发展性原则。合作教学模式致力于研究教学在什么样的条件下，能最大限度地激发学生的潜力，促进学生在精神层面的成长。合作教学认为学生是具有可塑性和无限发展可能的个体，而教育就是要为其营造平等合作、互助互爱的外部环境，帮助其构建良好的人际交往关系，最大限度地激发他们的内在潜能，促使其在认知创造、社会性等方面有所发展。

第二，人性化原则。合作教学模式以人道主义精神为宗旨，主张人性化的教学过程。合作教学模式提出，教师应当热爱学生，以无私真挚的爱塑造学生健全的人格；在教学中不断优化课堂环境，通过营造人性化的环境，使学生在自由宽松的氛围中学习与成长。

第三，合作性原则。合作教学模式认为，教学应以师生合作的形式展开。师生合作是建立在双方平等、互尊互爱基础上的理解与对话，可使二者在精神深处达成共识，从而真诚合作、共同成长。

在具体的教学实践中，合作教学模式形成了一套鼓励学生自愿参加教学活动的教学方法，如"教会思考""夺取知识""说悄悄话""今天谁来当老师"等。其中，"夺取知识"是指教师在教学中可以有意识地遗漏或歪曲某些知识点，通过故意犯错来引发学生对错误的思考和批判，让学生通过与教师展开智力"搏斗"来掌握所学知识；"今天谁来当老师"是指引导学生走上讲台，运用教师平时使用的教学方法，给自己的同学上5分钟课。合作教学模式涉及的教学方法都建立在新的学生观和新的教学观的基础上，对主体性课堂教学有一定的借鉴意义。

富于合作精神与人道主义思想的合作教学模式对现代教学过程观、师生观也有一定的启发意义。这一教学模式赋予了教师新的定义，批判了传统课堂中教师主导的局面，提高了学生的主体地位和能动性，使教学过程不再是一种对象性认识过程，使学生的学习过程不再是被动接受、亦步亦趋地复述课本知识的过程，而是师生之间、生生之间相互对话、相互理解的过程。

在合作教学模式下，教师不再是教学中的权威和领导，而是促进学生学习的指导者和帮助者；教师的作用不再是向学生灌输现成的知识，而是为学生提供充足的学习资源和有效的学习手段，将自身的知识经验技能、处事态度都转化为学生的学习内容。学生也不再是被动接受知识的容器，而是学习的主动发起者和意义建构者，是学习的主人，能够在教师的引导下自觉自主地开展学习，并对学习活动本身承担责任。

5. 探究—研讨模式

探究—研讨模式是美国的兰本达（Brenda Lansdown）教授倡导的一种新型自然科学学科的教学模式，即学生在教师的引导下对自然事物进行观察、记录和描述，从而形成解释认识对象的思维模式，并在实践中加以检验，以发现现象背后的内在联系，获得对自然界的理解。这一教学模式主要由"探究"和

"研讨"两个环节组成。在探究环节，教师主要围绕科学概念选取与之关联紧密的学习材料或实物材料，为学生呈现真实的科学现象，供其独立思考和探索，发现事物的性质和规律，从而初步获得对事物的感性认识。在研讨环节，教师则重在引导学生将自己对客观事物的看法完整地表达出来，并和同学交流、讨论，从而使学生加深对事物之间关系的理解，形成对概念的科学认识。

探究—研讨模式注重学生的自主探究，让学生通过观察、分析和讨论得出结论，而不是由教师将结论强加给他们。在探究—研讨模式中，材料的选择尤为重要，既要为学生的实践活动创设良好的条件与环境，充分调动学生的感官和探究新事物的欲望，又要通过结构性材料的引导，培养学生独立获取知识、自主探索和创造的能力。探究—研讨的过程是相互合作的过程，学生集思广益，相互补充和修正，能够逐步做到去伪存真、由表及里，理解科学概念。探究—研讨模式改变了过去以"教师讲、学生听"为主的教学方式，使学生成为学习的主人。当然，探究—研讨模式对教师提出了更高的要求。在探究—研讨模式下，教师要引导学生学会主动获取知识，发展思维能力；要为学生创造有利的学习条件；要在教学过程中敏感地把握学生的心理状态和学习进度，巧妙地加以引导和助推，启发诱导学生并鼓励学生合作；要在课后组织学生的后续活动。探究—研讨模式的具体操作步骤如下。

第一，精心设置材料，激发学生的探索欲望。材料是学生探究和发现的来源，教师需要在研读教材的基础上，根据学生的心理发展特点选择材料，让学生在产生好奇心的同时层层深入地发现新知识。

第二，巧妙设计疑难，创设自由探究的情境。设计疑难的目的是启发学生的思维，突出重点问题，解决难点问题。

第三，组织集体研讨，归纳综合科学的结论。探究阶段以学生的感性认识为主，而研讨阶段则要让学生对事物的认识上升到理性高度。这对学生的表达能力、思维能力提出了更高的要求，也是探究—研讨模式必不可少的重要环节

实行探究—研讨模式需要遵循一定的教学原则。

首先，必须引导学生对现实材料进行探究，即教师必须针对学生所要掌握的知识点设计和选择一些实物材料，引导学生调动自己的观察力、想象力和创造力探索材料中包含的概念。

其次，需要给予学生研讨的机会，让学生展示自己的探究成果，如让学生

相互提问甚至争论，鼓励学生提出不同的想法和观点，激发学生的思维。

最后，教学过程应该是"学为主体，教为主导"相统一的过程，即教师在教学中要尊重学生的独立性，让学生自由探索；同时，教师作为牵风筝线的人，也要随时对学生进行点拨和强化，保证学生在合理范围内自由发挥。

二、教学策略优化

教学策略的概念出现于20世纪70年代末，但引起广泛关注则是在20世纪90年代末。教学策略是指为了达到教学目的、完成教学任务，在清晰地认识教学活动的基础上对教学活动进行调节和控制的一系列执行过程，包括教学内容、教学思路、教学方法、教学评测等一系列有助于最优化地实现教学目标的工作方式。随着课程改革的日渐深入，教学策略的关注度也越来越高。有学者认为，教学改革的关键在于新的教学观念如何转化为教学行为，而教学策略是沟通教学观念与教学行为的桥梁，是教学观念的具体化和程序化，能够为教学改革提供现实途径和强力支持。❶

（一）多样性教学管理制度改革

当前我国经济社会正处于发展转型期，教育改革与发展呈现出"新常态"，需要从同质化教育向个性化教育、从生存型教育向发展型教育转变，为每一个学生提供优质且适切的教育。与此同时，社会对人才培养的要求也由以往关注学生对知识技能的掌握转向了注重学生综合素质的发展。

2010年7月，教育部出台了《国家中长期教育改革和发展规划纲要（2010—2020年）》，提出要"关注学生不同特点和个性差异，发展每一个学生的优势潜能。推进分层教学、走班制、学分制、导师制等教学管理制度改革"，为教学策略的优化提供了政策依据。

1. 分层教学

分层教学是指在充分考虑学生的知识基础、认知水平、个性特征、兴趣爱好等方面的基础上，对学生进行层级划分，并对不同层级的学生进行有针对性

---

❶ 田良臣，刘电芝：《教学策略：沟通教学观念与教学行为的中介桥梁——兼论新课程方案的实施》，贵州师范大学学报（社会科学版），2003（4）：98-102。

的教学和指导。由于分层依据是学生的实际情况，同一层次内的学生的基础和水平相对一致，这对于学生的学习和教师的教学而言都非常有利。分层教学主要有以下几种典型模式。

（1）班内分层教学

班内分层教学在保留行政班的基础上，根据学生的学习能力、学习风格等实际情况对学生进行分层，以不同的教学目标和教学方法对学生进行教学，辅之以不同的辅导和评价方式，使不同层次的学生都能获得充分发展。

（2）分层走班模式

分层走班模式是指依据文化课成绩对学生的知识和能力水平进行分层，通常分为三个或四个层次，再根据分层结果安排同一层次的学生组成新的教学集体。

（3）能力目标分层检测模式

能力目标分层检测模式是指学生根据自身的条件选择相应的学习层次，通过一学期的学习在学期末再进行层次调整。这一形式参照了国外的"核心技能"原理，给学生以更多的自主选择权，能够引导学生在认识自我的基础上综合考虑自身条件和阶段性目标，更利于因材施教。在采用能力目标分层检测模式时，教师在教学过程中需要辅之以"分层测试卡"（即分层目标练习册），对学生实行多层次的评价，在承认个体差异性的前提下，对每个学生的劳动成果予以应有的肯定。对于层次较低的学生，应当把重点放在对当堂所学内容的检测上；而对于层次较高的学生，则要侧重于对创新精神和创造能力的检测。

（4）分层互动模式

分层互动模式要求教师通过调查和观察，掌握班级内每个学生的学习状况、认知水平、性格特征及兴趣爱好等，将学生按照心理特点分组，形成多个学习群体。该模式能促进师生之间和生生之间的互动，为每个学生创造个性发展的机会。

（5）定向培养目标分层模式

定向培养目标分层模式即按照学生的毕业去向进行分层教学，多用于职业教育。在定向培养目标分层模式下，学校在学生入学时就会通过调查了解学生的升学和就业意向，然后在尊重学生和家长意愿的基础上对其进行正确定位，以学生的基础和发展为依据，将之分入升学班和就业班。这两个班的教学目标和知识难度有所区别，升学班更注重应试能力的训练，而就业班则更注重文化课知识和职业实践相结合。经过一年的学习，学校会为学生提供第二次选择的机会。

2. 走班制

2003年3月，教育部印发了《普通高中课程方案（实验）》，指出课程内容的设置应当遵循选择性原则，即为适应社会对多样化人才的需求，满足不同学生的发展需要，在保证每个学生达到共同基础的前提下，各学科分类别、分层次设计多样的、可供不同发展潜能学生选择的课程内容。选择性原则的提出推动了高中选修课程的开发以及走班制的实施。2010年7月，教育部出台了《国家中长期教育改革和发展规划纲要（2010—2020年）》，明确提出要推行走班制，并从人才培养体制改革的维度对走班制的推行提出了政策性要求。

推行走班制需要注意以下几点。

（1）注重课程整体设计

构建全新的课程结构是实施走班制的前提和关键。课程结构既要满足学生多样化的学习需求，适应社会对人才培养的要求，又要综合考虑国家课程和学校课程的特色，因地制宜地构建多元、整合的课程体系。当前存在三种较为成功的课程建构模式，具体内容如下。

一是按学生的学习水平把课程分为面向全体学生的基础类课程、面向部分学生的拓展类课程以及面向个体的研究类课程和兴趣特长类课程。❶以浙江省嘉兴市第一中学数学课程的设置为例，该校开设了基础类课程、拓展类课程和研究类课程，每一类别又设置了三个层级，学生可根据自己的专业倾向自主选择。这三种课程类型分别面向全体学生、数学水平中等及以上希望将数学发展为优势学科的学生、数学资优生和有意愿参加自主招生与数学竞赛的学生。以学习水平为标准的分层方式既保证了学科的基础性，又满足了学生的学习发展需求。

二是按学生生涯规划方向，区分教学的专业水平和层次。北京市第十一中学对理科课程的分层就是以学生生涯规划划分教学层次的典型。该校的物理、化学等理科科目针对学生的未来发展分为五个层次，社会与人文发展方向

---

❶ 裴娣娜：《新高考制度下深化普通高中课程改革的几个问题》，中小学管理，2015（6）：4-6。

的学生可以选择要求最低的层次,对理科科目感兴趣且将来有可能并愿意从事相关职业的学生可以选择要求最高的层次。这一课程建构模式根据学生的原有基础、学习潜能和发展方向对学科进行了分层设计,指向了学生多样化的发展旨趣。

三是依照考试科目,将课程设置与学业水平考试、高考、自主招生考试等各种考核考试相衔接。这是新高考改革背景下最为直接有效的应对方式,因此为大多数高中学校所采纳。在这一模式下,学生可以依据自身的学习兴趣及对各学科学习情况的评估确定选考科目;学校负责对学生进行适当的引导和调整,并开设相应的教学班。

(2)开展生涯规划教育

走班制赋予了学生更多选择权,同时也对学生的自主选择能力提出了更高的要求,包括对当前课程的选择和对未来职业的选择。这就需要学校对学生进行生涯规划指导,帮助学生明确未来的发展目标并制定当前的学习计划。浙江省温州中学就将生涯规划课程纳入了走班制课程体系,构建了由"职业生涯规划""高中三年学业规划""近期学习规划"三个层次组成的结构系统。其中,"职业生涯规划"即专业方向规划,能够帮助学生认识自我,树立美好的职业愿景;"高中三年学业规划"能够引导学生合理规划,学会学习;"近期学习规划"则将生涯规划落实到具体的行动中,能够增强学生的执行力。这三个层次的课程呈逐级细化的状态,学生需要针对自身职业生涯制定一个清晰的目标,进而将其不断细化,落实到具体的学习计划中。

(3)综合运用网络媒介

走班制的实行给学校课程设置、学校排课、学生选课、学生学籍管理等各方面带来了挑战,同时学校对走班制学生的监督和管理力度也比传统班级薄弱。而综合运用网络媒介,可以对走班制进行有益补充。

例如,杭州师范大学附属中学充分利用互联网优势,开展了"互联网+选课走班教学"的实践模式,借助网络实现了校本课程开发、调查并指导学生选课、实施必考科目分层走班及选考科目分类走班,帮助学生找到了适合自身发展的道路。

首先,该校通过网络了解学生的发展需求,围绕核心素养的基本要求完成了对必修课的校本化改造及特色选修课程群的构建;对学生的职业性向进行了调查并在此基础上指导学生选课，在提升学生选择能力的同时最大限度地突显了其选择性。

其次，该校开设了走班制网络管理平台，主要功能是对学生的考勤、作业、课堂表现、成绩、分班等情况进行记录和管理，完善选课走班的课堂教学形态，为走班制提供了有力保障。

最后，该校以双向选择的方式，为每位学生配备了成长导师。导师在充分了解学生的个性特征、学科成绩、学习潜力等方面的基础上，为学生提供学业辅导、选课指导、心理疏导等帮助，并通过网络平台及时反馈学生在校情况，便于导师、学生、家长三者之间的沟通。

3. 学分制

学分制是指以学分来衡量学生学习量多少的课程管理制度，学生只有在修满学校规定的学分后才能顺利毕业。学分制倡导弹性的教学计划和学制，要求教学计划有较大的时间弹性和选课弹性，以学分代替学年，以选课代替排课，允许学生根据自己的能力与兴趣安排个人的修学计划。目前，比较成熟的学分制类型有以下几种。

（1）学年学分制

学年学分制既有学年制的特征，又有完全学分制的特征；既保留了学年制计划性强、专业分类严密完整的特性，又具有学分制的某些长处，如在课程的选修方面给学生以一定的自由度。

（2）完全学分制

完全学分制把必须取得的毕业总学分作为毕业标准，要求完全按照培养目标和教学计划来规定各门课程的学时，确定每门课程的学分，设置必修课和选修课，规定各类课程的比例。

（3）绩点学分制

绩点学分制在学分制的基础上产生，用以显示学生每门课程的学习成绩的质量，其计算方法为学分×绩点。

（4）加权学分制

加权学分制在学分制的基础上产生，用以显示学生对某些重点课程的学习质量，以区分学生专业水平高低。加权学分制根据课程类别确定不同的权重系数，通过计算得出学生各门课程的加权学分，并将其作为学生选拔和评奖评优的重要依据。

（5）附加学分制

附加学分制要求学生在修满教学计划规定的学分外修习附加学分。附加学分的主要获取方式包括参加学科竞赛、学术活动、文体活动、公益活动等。

在学分制下，选课的人数成为评价教师的标准之一，有利于增强教师的竞争意识，提高教学效果；学分制允许学生选择自己感兴趣的课程，有利于增强学生的学习积极性、主动性和独立性，激发学生的潜能。但是，学分制也存在一定的弊端。例如，学生选课的自由度较大，给行政管理工作带来了一定的困难；学生选课经验不足，导致自身存在一定程度的迷茫等。

4. 导师制

导师制是指在实行班主任制的同时，聘请本班的任课教师作为学生的指导教师，对学生进行思想引导、学习辅导、心理疏导、生活指导的一种个别化教学辅助制度。导师制实现了教师角色的转变，班主任和任课教师除了负责日常教学外，还要转变身份，从管理者走向引领者，从单纯的学科教学者转变为学生的导师、咨询师、教学顾问等。

导师制集"教""导"于一体，可以在一定程度上解决班级授课制存在的问题，实现因材施教，真正落实个别化教育。此外，导师制可以为学生选课提供专门化的指导，成为教学组织形式和教学模式变革的有效辅助。

导师制的主要作用有两个方面：一是为学生提供选课指导。导师可以根据对学生的学习生活及兴趣爱好的判断和了解，指导学生做出科学合理的选择。首先，建立完善的导师制度，从指导思想、导师职责、管理机制等方面进行精细化、科学化构建，为导师工作的开展及选课指导提供制度化依据。其次，完善选课指导制度，引导学生制订个性化的修习计划。学校应对课程安排进行详细的说明，导师和学生则应共同了解并参与课程计划的制订，避免学生自主选课的盲目性和随意性。最后，扩大导师队伍，实现专门化指导，一方面减轻教师作为学生成长导师的繁重负担；另一方面不同领域的专业化指导对学生而言更具针对性。二是关注学生多方面的成长需求。学科教师转变为学生成长导师后，除了负责日常的学科教学外，还应扮演学生学习的辅导者、心理健康发展的疏导者、个性的培养者、生活经验的分享者、人际交往的指导者等多重角色，尤其是要为学生提供学习辅导，帮助学生解决学习过程中遇到的难题，这也是学生普遍认为的导师应当承担的责任。除此之外，导师的出现对学生树立正确的人生观、价值观，形成和谐的人际关系也具有重要作用。

当然，导师的指导应当建立在对学生充分了解的基础上。每个学生都是独立的个体，其受教育状况、家庭背景及学习方式各不相同，因此他们存在的问题也不尽相同。另外，不同学段的学生对指导的需求不同，低学段的学生处于适应和过渡阶段，对陌生环境及新的学习方式的适应状况相对较差，此时导师的作用在于帮助学生实现平稳过渡；高学段的学生面临较大的升学压力，此时导师的作用在于帮助学生以平常心面对升学考试。因此，导师在对学生进行学业指导的过程中，要区别对待不同的学生，充分了解他们需要解决的难题，真正实现导师制为学生提供指导的目的。

浙江省宁波市第四中学在高一年级尝试取消固定班级的班主任制度，取而代之的是"成长导师制"。这一导师制度的创新点和最大特点在于完全取消了原来的行政班班主任，为每个班级配备了三名成长导师，实行分组管理，三人协调合作。具体来说，该校将高一年级每个班级的学生分成了A、B、C三个小组，每个小组配备了一名成长导师，每名导师需要负责该组成员的个性化成长与全面发展，包括学生选课、学习、生活等各方面。为了加强对学生的有效监督和管理，浙江省宁波市第四中学又在"成长导师制"的基础上，辅以"轮值导师制"与"首席导师制"，从学生整体发展的层面给教师工作以参考意见。首席导师负责协商制订教师每周的工作总计划，并将具体工作的开展要求传达给轮值导师；轮值导师要和每个班级的成长导师相互配合，营造并维护学校的良好学习氛围。这两项制度的确立，有利于成长导师开展具体工作。成长导师的工作重点是每周至少与组内成员开展一次导师活动，增强对学生的了解，全面细致地掌握每位学生在学习与生活中存在的困惑，及时解决学生的难题；为学生提供选课方面的指导，引导学生制订科学合理的学习计划。

（二）课程整合下的教学策略创新

自2001年《基础教育课程改革纲要（试行）》出台以来，各级各类教育部门及学校都开始了对课程实施与改革的尝试与探索。

2015年9月18日，浙江省教育厅发布了《浙江省教育厅办公室关于促进义务教育课程整合的指导意见》（以下简称《意见》），提出"课程整合应以培养学生思想品格、综合素质为目的，体现学科核心素养的要求""应合理规划与设计课程整合方案，开齐开好基础性课程和拓展性课程"。《意见》对学校课程整合提出了具体要求："学校应根据实际，从学科内的局部整合到学科间的主题整合，再到'全课程'的统整，逐步推进。改革起始阶段以德育类课程、综合实践类课程的整合实施为重点。鼓励小学阶段探索其他课程领域的整合实施。"

除浙江省明确提出推动学校课程整合外，北京市的一些学校也进行了有益尝试，如清华大学附属小学的"1＋X课程"探索、北京亦庄实验小学的"全课程"探索等。

1. 清华大学附属小学的"1＋X课程"育人体系

面对新时期教育发展的新要求，制订学校课程实施的整体规划，并带动学校教学和管理的系统整合成为学校课程改革的出路。为此，清华大学附属小学融合了"主题教学"和"整合"的理念，在落实国家课程规划要求的前提下，结合学校发展特色及学生的具体情况，构建了"1＋X课程"育人体系，将教材和课程内容以主题的方式进行了重新整合。其中，"1"是指优化整合的国家基础性课程，整合后的基础性课程仍然是学生发展的基础和底线；"X"是适合学生个性化发展需求的拓展性课程，是对基础性课程的补充、延伸和拓展。需要注意的是，两者并非简单相加，而是相辅相成，学校会在发展的动态过程中逐渐确定两者之间的比重。

2. 北京亦庄实验小学的"全课程"教育实验

"全课程"教育实验是指在遵循国家课程标准的基础上，以培养全面发展的人才为目标，打破学科界限，实现覆盖学习、活动、生活等诸多领域的综合性课程改革。该项实验致力于从课程入手改变学校的文化和生态，让师生拥有幸福完整的教育生活。校长李振村认为，"全课程"教育改革实验的核心不是所有课程的简单叠加，而是指向人的全面发展，指向学生生活的全面改革。在"全课程"实验背景下，知识被赋予了过程性、体验性和生命性，是具有生长力的知识；教师不仅要关注如何完成教学工作，还要关注学生的天性及其在学习过程中的快乐体验。

北京亦庄实验小学的"全课程"教育实验以始业课程为抓手，推后了对拼音的学习，淡化了学科的概念，以生动有趣的主题整合了现有学科，将绘本故事、绘画、音乐、舞蹈等融入课程，以帮助学生更好地适应学校生活。

课程整合策略实际上是一种指向全人教育的教学策略，它把原本枯燥乏味的学习转变为生动有趣的生活，强调跨学科整合，突出全面性、自主性、趣味性的课程特色。其优化和整合的过程加强了课程的实践性和教学的针对性，使课程设置更符合学生个性化发展的需求。但是，整合后的课程对教师的素养也提出了更高的要求：一方面，任课教师需要很好地把握学生的心理特点和认知水平，并在全面掌握各门学科内容的基础上进行教材编写和课堂教学；另一方面，为配合"全课程"的推行，很多学校都采用了包班制的班级管理模式和走班制的教学组织形式，因此教师需要从原本单一的学科教师转变为素质全面的全科教师，由过去只关注学生的学科学习转向全面关注学生的成长。

第二章　创新发展视角下的课堂教学模式

为推动教育的发展，需要对课堂教学进行改革，创新课堂教学模式，从而激发学生的学习兴趣，提高课堂教学的有效性。鉴于此，本章对探索式教学模式、体验式教学模式、任务驱动式教学模式三种课堂教学模式进行了探讨。

第一节　探究式教学模式

一、探究式教学模式的基本理念

理念是行动的指南，探究式教学模式如果没有正确理念的指导，在实施时就会成为探究方法、模式的奴隶，出现生搬硬套和故步自封的问题。探究式教学模式的三个基本理念是面向全体学生、面向真实科学、面向生活世界。为了使论述集中、清晰，下面主要以科学学科的探究式教学模式为例进行说明。

（一）面向全体学生

科学教育应面向全体学生这一思想的形成有一个过程。20世纪中期以前，科学（指自然科学）只受到少数人的关注，科学教育奉行的是精英模式，其目的主要在于把少数天赋较好的学生培养成科研人员或其他科技工作者。20世纪中期以后，科技发展迅猛，并开始向社会各领域大力渗透，出现了科技社会化、社会科技化的态势，科学、技术与社会之间形成了紧密的互动关系，使人类的生活方式和工作方式的科技含量不断增加，每个社会成员都面临着前所未有的挑战。正如过去读书识字是人适应社会的必经之路一样，一个人只有具备相当的科学素养才能适应当今科技化社会的要求。在此背景下，精英教育模式显然已不合时宜，科学教育除了要培养科研人员和其他科技工作者之外，还应当广泛传播科学技术的基本知识、基本技能和基本精神，使每个学生都具有基本的科学素养，进而提高整个国家的科技文化素质。鉴于此，在1985年10月于巴基斯坦伊斯兰堡召开的科学课程国际研讨会上，与会专家们对科学教育的内涵、目的和内容等进行了讨论，一致确立了科学教育的目的为使学生获得改善社会生活质量所急需的知识、技能和态度。❶ "科学为大众"的思想遂成为20世纪末期以来许多国家改革科学教育的基本理念。

为融入这一世界性的科学教育改革潮流，我国学者在制定小学和初中《科学课程标准》（以下简称《标准》）时也尽力渗透了这一思想。《标准》强调"科学课程要面向全体学生"❷ "全面提高每一个学生的科学素养是科学课程的核心理念"❸。《标准》要求通过科学课程使每个小学生都知道与周围常见事物有关的浅显科学知识，逐渐养成科学的行为习惯和生活习惯；了解科学探究的过程和方法，逐步学会科学地看问题和想问题；保持和发展对周围世界的好奇心和求知欲，形成大胆想象、尊重证据、敢于创新的科学态度和爱科学、爱家乡、爱祖国的情感；亲近自然、欣赏自然、珍爱生命，积极参与资源与环境的保护，关心科技新发展。《标准》要求每个初中生都保持对自然的较强好奇心和求知欲，养成与自然和谐相处的生活态度；了解或理解基本的科学知识，学会或掌握一定的基本技能，并能运用它们解释常见的自然现象和解决一些实际问题等。为方便提高科学素养目的的实现，《标准》还分别从科学知识、科学探究和科学态度三个维度制定了更加具体的目标，以指导科学课程的

---

❶ 王素：《科学素养与科学教育目标比较——以英、美、加、泰、中等五国为中心》，外国教育研究，1999（2）：3-5。

❷ 中华人民共和国教育部：《科学（3-6年级）课程标准》，北京：北京师范大学出版社，2001。

❸ 中华人民共和国教育部：《科学（7-9年级）课程标准》，北京：北京师范大学出版社，2001。

编制与教学。

我国小学阶段的自然课和初中阶段的物理、化学、生物课的多方面教学目标可归纳为以下几点。

①掌握基本科学知识、基本概念和原理。

②培养科学兴趣和科学态度。

③培养运用科学解决实际问题的能力；通过科学的训练，培养观察、实验、分析和解决问题的能力。

④了解科学在生产和生活中的运用。

上述目标显然更加偏重认知方面，不太重视态度、情感和价值观的培养，远不如《标准》中的素养目标那样基本和全面，而且这些认知目标又主要是通过分科课程来完成的，常出现偏深、偏难的情况，在实践中很难兼顾每个学生。

为在科学课程的教学中落实"面向全体学生"这一理念，广大教师必须进一步端正认识。

首先，正确认识科学素养的基本特征。《标准》中所描述的总目标和分目标是科学素养的不同方面或层面，它们具有三个基本特征：一是整体性，即科学知识、科学探究和科学态度有机联系在一起，共同构成了统一的科学素养，缺少任何一个方面都不完整；二是基础性，即总目标和分目标是每个学生必须具备的基本科学素养，否则就无法适应未来的学习和社会生活；三是普遍性，总目标和分目标为社会生活和各行各业所必需，具有普遍适应性。

其次，要明确科学课程的性质。小学阶段的科学课程是以培养学生的科学素养为宗旨的科学"启蒙课程"，而初中阶段的科学课程是以培养学生的科学素养为宗旨的科学"入门课程"。这要求小学阶段的科学课程要把学生与生俱来的好奇心转移到对科学的兴趣上来，初中阶段的科学课程除继续维持学生对科学的兴趣外，还要使学生掌握基础科学知识和基本探究技能，而且不可随意加大教学难度或提高要求，避免学生对科学望而生畏，丧失学习科学的兴趣和热情。

最后，领会《标准》实施建议的精神实质。《标准》在实施建议中鼓励课程、教材、教学和评价具有多样性和灵活性，如要求树立开放的教学观念，打破常规教学的地点和时间限制，将课堂延伸到教室以外和课堂铃声之后；要求采用多种多样的教材编写和呈现方式、教学方式和评价方式等。这些都是为了充分照顾学生在性别、天资、兴趣、生活环境、文化背景、民族、地区等方面存在的差异，尽量为每个学生提供公平的学习机会和最有效的指导。

（二）面向真实科学

面向真实科学是指科学教育要与现实中的真正科学衔接，力求反映科学的本来面目。其核心是让学生在教师的指导下以类似科学研究的方式学习科学，即开展探究教学，以便学生在积极获得科学知识的过程中掌握科学探究技能，形成科学态度与科学精神。之所以主张如此，是因为科学素养是在科学研究过程中产生和发展的，教师不能或不完全能通过讲授把科学素养传递给学生；尤其是探究技能、科学态度与科学精神，与科学知识相比，它们更加隐蔽地渗透在科学研究中，通过科学研究过程体现出来，学生不可能从教师那里直接获取，而是必须从参与知识获得的过程中去领悟。因此，《标准》强调"科学学习要以探究为核心"，科学课程要给学生提供充分的探究活动机会，使学生在像科学家那样进行科学探究的过程中体验学习科学的乐趣，提高自身的科学探究能力，获取科学知识，形成尊重事实、善于质疑的科学态度，了解科学发展的历史；使初中生通过手脑并用的探究活动，体验探究过程的曲折和乐趣，学习科学方法，提高科学探究所需的能力，增进对科学探究的理解。为促使探究在教学中得到足够的重视，《标准》明确指出探究既是科学学习的方式，又是科学学习的目标，并把探究作为一个基本的课程内容，还具体说明了开展探究活动的基本程序和方法。

20世纪初，很多学者开始强调探究式教学。大力倡导科学教育的斯宾塞（Spencer）反对教条式的科学知识教育，反对学生单纯根据权威接受真理。他要求："给他们（学生）讲的应该尽量少些，而引导他们去发现的应该尽量多些。"[1]杜威（Dewey）也对19世纪末20世纪初科学教育中存在的问题提出了尖锐批评："在大体上，科学只作为一套现成的知识和技能来教的。它的教学不能在方法上提供一切有效的明智行动的榜样。"[2]杜威认为，对于科学，学生要掌握的不只是知识，还应当包括方法。为此，他根据对科学思维过程的

---

[1] ［英］斯宾塞：《教育论》，胡毅译，北京：人民教育出版社，1962。

[2] 赵祥麟，王承绪：《杜威教育论著选》，上海：华东师范大学出版社，1981。

理解，提出了"五步问题教学法"，并让学生动手做科学，而不是被动地读科学。到20世纪中期，对探究式教学的呼声更加高涨。布鲁纳要求用发现法教授学科的基本结构，施瓦布（Schwab）则指出科学即探究，主张用探究式教学模式教授科学课程。然而，由于受到传统教学观念的巨大影响，这些主张和呼吁并没有引起普遍的响应。长期以来，科学一直被当作不变的真理来教、背和考，教师很少考虑科学发现的方法、途径与本质，学生学到的科学也与真实科学大相径庭，正所谓"传统的科学教学很少致力把课堂知识和科学实践联系起来"❶。20世纪末期，建构主义学习观在西方日渐兴起，它认为不能将知识原封不动地传递给学生，必须由学生自己去建构。这种学习观促使更多的人把注意力投向探究式教学，遂在教育界引发了新一轮"探究热"，使人们面向真实科学的理念更加坚定。由此可见，开展探究式教学首先需要转变教学观念。

面向真实科学的理念，对我国教学中的"特殊认识说"是一个巨大的挑战。这种学说忽视了科学教学与科学研究的共性，强调其差异性，认为学生的科学学习是在教师指导下有目的、有计划地掌握间接科学成果的过程。在这种学说的指导下，我国科学教学重视知识的记忆，轻视知识的获得过程，导致学生虽掌握了一些科学知识，但未形成相应的科学技能、科学态度和科学精神，在科学素养调查和国际对比中，我国学生在科学方法和科学态度方面的素养水平尤其低下。面对根深蒂固的传统教学观念和深入人心的应试教育，实施科学课程，开展探究教学，需要承受巨大的内外压力，消除各种不利因素。

要把科学课程的探究学习落在实处，固然有许多问题需要解决，但关键在于选择和建立恰当的探究式教学模式，因为它是使探究式教学与科学探究相适应的机制。没有它，开展探究式教学时教师就难免感到茫然不知所措，失去基本的教学规范。需要指出的是，《标准》中所描述的探究程序，如提出科学问题、猜想和假设，制定计划和设计实验，收集证据，检验与评价，表达与交流，是从过程的角度对探究的解说，其目的是增进课程编者和教师对探究的理解，并不是可以直接套用的探究式教学模式，更不是说探究式教学都必须遵循这几个步骤。教师需要根据学生的发展水平和具体的教学目标等因素，在对《标准》中的探究程序进行改造的基础上，建立切合实际的探究式教学模式。

---

❶ 联合国教科文组织国际教育发展委员会：《学会生存》，华东师范大学比较教育研究所译，北京：教育科学出版社，1996。

当然，这对教师提出了较高的要求。

美国对探究式教学的研究与实践起步较早，提出了许多探究式教学模式。例如，"学习环"（The Learning Cycle）模式便是一种在西方中小学影响较大、相对易行而又有效的探究式教学模式。该模式包括探索、引入概念、运用概念三个基本阶段。在探索阶段，教师向学生呈现一个任务或问题，这个任务或问题既要开放到足以鼓励学生采用不同的活动策略，又要具体到足以给学生提供某种指示。其目的是要让学生在强烈的动机驱使下积极参与活动，以便为掌握某个具体概念及有关术语奠定基础。它也使教师有机会探索学生的现有知识与观念，确定学生对将学概念的看法。在引入概念阶段，教师从学生那里收集到他们的探索经验后，运用这些经验引入本次课程所要教授的主要概念以及与其有关的新术语。课本、录像以及其他书面材料等都可用来促进概念的引入。运用概念阶段是学生学习主要概念的其他具体事例的时间，一般是教师给学生布置一项新任务，要求学生以前两个阶段为基础来完成这个新任务。这些额外的例子或新任务最好与学生的日常生活有直接联系。在我国广大中小学教师既缺乏对探究式教学理论的认识，又缺乏探究式教学实践经验的情况下，学习环模式有助于使他们尽快进入角色，规范课堂探究教学。但是，在达到熟练程度后，教师就应当进行变通和创新，以达到超越固定模式的境界。创建新的探究式教学模式有多种途径和方法，但要注意应遵循一个总原则，即尽可能地在给学生提供科学探究机会与适应学生现有能力水平之间保持一定的张力，既不可过于强调与科学探究的共性，使探究式教学缺乏心理基础，落得徒有形式，也不可过于强调学生现有水平或与科学家之间的差异，使探究式教学失去基本规范。

《标准》倡导开展以探究学习为核心的教学，绝不是说中小学生是科学家，能从事真正的科学研究，也不是要把他们都变成未来的科学家，而是要表明不通过探究式学习，学生就无法形成基本的科学素养，"面向真实科学"也就成了一句空话。

（三）面向生活世界

《标准》指出："科学课程内容要满足社会和学生双方面的需要。"也就是说，科学课程的内容要贴近学生的生活，符合现代科学技术发展的趋势，适应社会发展的需要，并且是学生建造"知识大厦"所必须。为此，在阐述内容标准时，《标准》研制人员用充满生活气息的"生命世界""物质世界""地球与宇宙"取代了充满学术气息的生物、物理、化学与地理，并在初中阶段增加了科学、技术与社会的内容；强调科学课程不限于课本，还应把家长的阅历与职业背景、家庭饲养与种植，以及科技工作者、工厂、农场、田园、科技实验基地、高薪企业、植物园、动物园、科技馆、大专院校、科研所等作为重要的课程资源来开发和利用；要求在教学时放弃那些陈旧、过时的内容，吸收和反映科技发展中的新成果、新话题，以及社会生活中人们共同关注和亟待解决的问题，尽力为学生营造一个真实的学习环境。此外，《标准》还提供了一系列如何围绕现实生活中的某个问题开展探究式教学的案例。这些举措都旨在强调这样一个理念：让科学教育面向生活世界。

面向生活世界的含义是科学教育应与生活世界保持密切的联系，一方面要超越生活世界；另一方面又不能与生活世界完全脱离。因为脱离现实生活的科学教育必然会失去它赖以存在的意义基础，变成空洞乏味的教条。例如，科学教育犹如一架迎风飞舞的风筝，其拉线人就是生活世界。它既要超越现实生活，高于现实生活，在空中飞舞起来，又不能割断与现实生活的联系。若不超越现实生活而获得相对独立性，科学教育这架风筝就只能贴在地面上，永远飞舞不起来；若割断与生活世界的固有联系，科学教育这架风筝就不能与生活世界相联结，就会从空中跌落下来。

说到底，面向生活世界是科学教育为学生个人和社会生活服务的必然要求，而这要以在现实生活的基础上学习科学为前提。经过科学家的努力，科学从现实生活中独立出来，成为一种专业领域，具有了高度的精确性和抽象性，成为杜威所说的远离平常经验的高度完善的知识形式。尽管这是科学发展所必须，也是科学发展的必然结果，但是也导致了某种后果，那就是"科学与常识、科学活动与人类基本活动、科学理解与平常理解的连续性被打破了"[1]。在科学教育的过程中，这种断裂需要通过加强与生活世界的联系来连接，否则会造成种种不良后果。传统的科学教育片面地强调对课本中科学事实、概念、

---

[1] ［美］瓦托夫斯基：《科学思想的概念基础——科学哲学导论》，范岱年译，北京：求实出版社，1989。

公式、定律和原理的灌输与记忆，使学生丧失了科学学习兴趣，体验不到科学发现的乐趣，导致学生的动手和解决问题能力低下，主动性和创造性被扼杀，成为德国哲学家卡西尔（Cassirer）所说的"符号动物"。很多学者早就对传统的科学教育提出了批评。赫胥黎（Huxley）曾指出，假如科学教育仅仅为啃书本的话，学生就会养成通过书本学习知识的习惯，而这种习惯不仅会导致学生不懂得何为观察，而且会导致学生厌恶观察。迷信书本的学生坚定地相信自己在书本上看到的东西，而不愿相信自己亲眼看到的东西。❶杜威也批判说，科学是学生要达到的一个理想知识形式，而不是出发的起点。但是"在学校的教学实践中，常常从经过简化的科学入门开始。必然的后果是把科学和有意义的经验隔离开来，学生学习一些符号，但没有掌握了解它们意义的钥匙。他获得专门的知识，而没有追溯它和他所熟悉的事物和操作的联系的能力，他往往只获得一些特别的词汇"❷。因此，在科学、技术与社会的联系日益密切的当今时代，人们感到科学教育应该面向生活世界。这一点在美国于1996年颁布的《国家科学教育标准》中尤为明显。

在科学课程的教学中贯彻面向生活世界这一理念时，必须注意两点：

第一，要注意面向生活与理论联系实际的区别。不可否认，我国一向强调科学教育要理论联系实际，重视知识的运用，但这里所说的实际多指社会生产实践活动，它只是生活世界的一部分，而不是全部。而且对学生来说，生产实际属于未来，远离他们的现实生活，有很大的模糊性，用所学科学来联系这种实际，很难使学生对科学产生深刻的感受和理解。再者，学生对知识的运用往往是在虚拟环境中进行的，学生做的各种习题、模拟题和考试题越多，真实生活世界的图景在他们的视觉中就越模糊。另外，过去强调的理论联系实际往往是单向的，一般是学生掌握科学知识后，再用它去解决实际生产中的问题。面向生活世界的理念则要求科学教育既要立足于学生周围的现实生活，又要指向未来；既要让学生用所学知识解决现实生活中的问题，又要让学生从现实生活中寻找有趣的、需要探究的问题或主题。简而言之，面向生活世界的理念要求科学教育与广泛的现实生活建立一种双向互动式的联系，是对理论联系实际的

---

❶　［英］赫胥黎：《科学与教育》，单中惠译，北京：人民教育出版社，1990。

❷　［美］约翰·杜威：《民本主义与教育》，王承绪译，北京：人民教育出版社，1990。

发展。

第二，要认识到面向现实生活的目的并不是彻底回归生活，搞杜威所主张的"教育即生活"，而是要通过加强科学教育与生活世界的联系，使学生在趣味盎然的科学学习过程中，理解科学的本质以及科学与社会的紧密联系，以便在未来利用科学改善生存环境，提高生活质量，为人类谋福。

二、探究式教学模式应用策略

"教学有法，教无定法"已是人们对教学活动的共识。对于探究式教学模式来说，同样不存在一种普遍适用的教学方法，它的开展要受到学科性质、教学内容、学生年龄特征、教学目标、教学条件等因素的制约。当然，探究式教学也不是瞬息万变、不可捉摸的，它也有规律可循，需要遵循基本的教学规范。把握探究式教学模式的规律与规范，有助于教师有效设计和实施探究式教学，以使学生的探究学习与专业探究既"神似"又"形同"。

探究式教学模式是为达到特定的目标而设计的，它不是万能的，不可能有效地实现所有教学目标。因此，教师在运用探究式教学模式时，首先需要了解教学目标，在明确教学目标的基础上做出恰当的选择。由于教学环境与教学条件的差异会对探究式教学模式产生影响，教师还需要了解探究式教学模式的应用要求，充分考虑开展探究式教学的有利与不利因素，并积极创造条件以有效运用探究式教学模式。

第二节 体验式教学模式

体验式教学模式是在体验式学习理论的基础上发展而来的。体验式学习理论于1971年由美国心理学家大卫·库伯（David Kolb）提出。该理论指出，人的学习是一个基于体验的循环过程，包括通过体验和观察获得经验、通过比较和评价形成反思性观察、通过模仿和分析形成抽象的理解、进行综合设计并应用于实践。实践证明，体验式教学模式在激发学生的潜能和提高学生的学习效率方面非常有效。

一、体验式教学模式的基本含义

要确定体验式教学模式的基本含义，首先要明确何谓"体验"和"体验教育"。

《辞海》对"体验"的解释为："通过实践来认识事物；亲身经历。"有专家认为，体验是指人通过眼、耳、鼻、舌等器官或自己的身体行为直接感知客观现象，并开动思维机器认识现象和本质的过程。刘惊铎认为，体验是一种图景思维活动。其中，"图景"是一种跨越时空的有机的整体性存在，它同时包含着个体过去的生活经历、当下生活场景之生命感动和未来人生希冀的蓝图。其显著特征是整体性、现场性和超越性。

对于"体验教育"，不同学者有不同的解释，其中最具代表性的有两种：

第一，体验教育是通过实践（亲身经历）来认识周围事物的教学活动；

第二，体验教育是以图景思维活动为主的教学活动。本书认为，体验教育是以学生的生命发展为宗旨，以学生的生命世界为基本内容，以体验为主要方式的教学活动。

根据"体验"和"体验教育"的含义，本书认为体验式教学模式是指教师按照学生的认知规律，依据理论基础和教学目标，通过设置真实的或者虚拟的教学情境引导学生参与课堂，呈现教学内容，让学生亲身感知、领悟知识，并在实践中应用、证实、创新知识，从而使学生获得认知，提高学生综合素质的一种教学模式。

二、体验式教学模式的特征

体验式教学模式注重学生的参与性，强调教学过程中学生的主体地位，要求学生在实践层面和思想层面积极参与。实践层面的参与主要指学生亲身参与流程体验、现场体验等；思想层面的参与主要指学生在思想上反思和总结体验过程，如对自身的回顾和反思、对他人的移情性理解等。通过这两个层面，学生可以直接参与到教学活动中，进而构建自身的知识体系。体验式教学模式强调教学效果的实用性，促进理论向技能的转换；注重实践和应用性，以实现动手和动脑相结合。在体验式教学过程中，教师除了要求学生用心听、用脑思考和用心体会外，还要重点训练学生的实际操作能力，这不仅能促进学生对技能的掌握，还能增强学生的研究精神和创新精神。

体验式教学模式符合学习的本质特点，有利于建立新型师生关系。体验式教学认为，有效的学习应首先从切身体验开始，进而形成感受和认同，然后进行反思并形成个人结论和观点，最后将理论应用于实践。体验式教学的过程既是师生交流信息的过程，也是师生沟通情感的过程。生动的体验教学活动有助于学生将知识理论转化为个体认知，将有效的个人认知转化为个人能力，符合学生学习的规律和特点。

体验式教学是一种以素质为导向的教学模式，能够实现师生双方能力的提升。它不仅注重对学生专业能力的培养，还注重塑造学生的职业核心能力。在体验式教学过程中，教师既是知识的传授者、过程的组织者，也是学生学习的促进者。教师只有不断更新自身的知识储备并加强教学设计，才能提高自身的教学水平，组织好体验式教学，取得更好的教育教学效果。

三、体验式教学的开展形式

（一）课堂中的体验式教学

1. 讲评教学

在信息时代，随着互联网和现代媒体的发展，信息传播越来越便捷，学习渠道越来越丰富。在此背景下，在一堂课的前5分钟，教师可以让学生对热点问题进行讲评。这就需要学生在课前收集社会热点问题或者与课程相关的主题资料，并进行提炼总结，选择恰当的方式进行展示。学生的讲述要简洁、有逻辑，可以从课程的角度对所选材料进行评论，也可以向教师和其他学生提出问题，进行讨论，实现角色互换。这种方式有利于展示学生风采，培养学生的组织能力、主动意识、语言表达能力等。同时，教师要给予学生适当的指导，加强学生对前沿热点问题的认知和理解。

2. 案例教学

案例教学的目的是通过对具体案例的分析、讨论，让学生掌握知识，从而培养学生分析问题和解决问题的能力。案例教学的关键在于案例的选取和设计，对此教师要从实际出发，从学生的角度选取和设计案例，既要考虑案例的综合性、专业性、趣味性和时效性，又要选择适合学生的素材。如果有条件，最好将案例设计成多媒体视频或动画。在确定案例之后，教师要针对案例情景精巧地设计能体现教学目标的问题，让学生带着问题搜集资料、分组讨论、展开头脑风暴，并形成自己的理解。之后，由各组指派代表发言，陈述本组的观点。最后，教师要结合各组的分析进行总结性点评，概括案例的分析要点并进行内容的延伸。每个章节或者项目的案例设计都可以分为导入案例、专题案例和综合案例。需要注意的是，教师要控制好讨论的进程，直至得出结论。

3. 主题辩论教学

主题辩论教学是指教师将教学内容的某一观点作为辩论主题，确定讨论的规则和时间，提前将学生分为正反两队，要求学生在课前收集资料并做好准备，在课堂上运用所学知识表述本队的观点并反驳对方的观点。在组织辩论的过程中，教师要做好记录，以便在辩论结束后进行总结。辩论可以加深学生对所学内容的理解，培养学生的表达和辩论能力，同时提升学生的反思总结能力。

4. 游戏教学

游戏教学要实现两个目标，即寓教于乐和活跃课堂。教师应注重设计和收集与课程相关的游戏，并有效地在课堂教学中展开游戏教学。

（二）实训室中的体验教学

1. 情景模拟教学

情景模拟教学是指教师设计与课程相关的模拟情境，由学生扮演其中的角色来处理事务、解决问题或矛盾。在表演结束后，教师、表演者和观看者需要对表演过程进行回顾和总结。情景模拟教学可以使学生体验真实的情境，发现技巧难点和自身的不足；可以激发学生对知识的兴趣，加深学生对某种社会角色的理解，强化学生之间的情感交流，让学生学会如何更好地与人沟通。教师在学生模拟的过程中应认真观察并记录学生的行为表现，从而测评学生的素质潜能，对学生进行个性化指导。

2. 沙盘模拟

沙盘模拟可以让学生切身体会课程的本质，加深学生对所学内容的理解和记忆。在沙盘模拟中，教师应直观地呈现复杂、抽象的管理理论，以提升学生的综合能力。

（三）校外体验教学

组织学生到校外实训基地进行参观和调研，体验最真实的情境，不仅可以提高学生的学习热情，巩固已学内容，还可以大幅改善学生被动学习的状况。需要注意的是，在进行实地参观之前要明确参观目标、做好准备工作，在参观时要有序组织，在参观后要重视观后思考。

四、体验式教学的评价

一种新的教学模式在推行初期，往往会出现"强调实施、忽视评价"的情况，如教师在课程改革中精心设计课程标准、教学设计、实施方案等，却忽视了能反映教学实施的评价环节，仍然使用传统理论课程的教学评价方式。目前，体验式教学模式的评价仍然是一个相对薄弱的环节。根据体验式教学模式的特征，其教学评价应符合以下要求。

（一）评价核心：促进全面发展

传统教学模式下的教学评价把测量和筛选作为重点，评价结果的外化形式就是对评价对象的分级、分等认定。这种方式往往只能评价学生对知识的掌握情况，导致学生只向分数看齐。体验式教学模式重点关注学生的整体素质，这就要求体验式教学评价要能够促进学生的全面发展。

（二）评价特点：多元化

1. 评价功能多元化

传统教学评价的主要功能是甄别和选拔。对于教师而言，评价的重点是教师是否完成了学校设定的教学任务目标；对于学生而言，评价的重点是学生掌握知识的程度。在这种评价环境下，教师只关注工作量，学生只关注考试成绩。根据体验式教学模式的本质，体验式教学评价的功能是多元化的，既具备甄别和选拔功能，又能促进教师和学生的全面发展。体验式教学的最终目标是全面提升人才培养质量，只有充分发挥体验式教学评价的发展性和教育性功能，才能为教师和学生指明方向，才能帮助其发现自身的优势和不足，促进双方的发展。体验式教学评价功能的多元化是通过评价方法的多元化和评价内容的多元化实现的。

2. 评价主体多元化

在体验式教学模式下，学校更加关注与社会、区域的联系，因此原有的以教师为单一主体的评价方式已无法适用于体验式教学模式。体验式教学的评价主体应该是多元化的，包括教师、学生、督导、学生管理人员、专家等，以实现评价主体和培养模式的无缝对接。另外，多元的评价主体能提供多角度的评价信息，如社会的评价可以给学校、教师和学生提供更加真实、科学的评价结果，帮助其发现教学和学习中的问题，使其更加符合社会的需求。

3. 评价内容多元化

体验式教学的评价内容应该是多元化的，包括道德素质、核心能力、技能水平、知识掌握情况等。

4. 评价方法多元化

针对不同的教学内容，应采取不同的评价方法。在体验式教学模式下，逐步产生了静态评价和动态评价、定量评价和定性评价、形成性评价和总结性评价等多种评价模式。具体而言，对于理论常识认知的评价可采取闭卷考试的形式，对于理论理解的评价可采取开卷考试的形式，对于实践方面的评价可采取情景模拟、方案设计、现场操作等形式。

五、应用体验式教学模式时应注意的问题

（一）科学有效地实施

科学有效地实施体验式教学可以更好地发挥体验式教学模式的效果。首先是课前的精心设计，如创设情境。情境的选择直接决定了其他环节的教学效果，只有能让学生产生共鸣的情境，才能激发学生的参与热情，并使学生有所感悟。创设的情境可分为真实社会情境和虚拟社会情境，具体要根据教学目标和体验条件而定。其次是有效掌控课堂进度。在把时间交给学生时，教师应认真记录、适时评价、步步引导，保证不偏离主题；根据学生讨论的兴致和教学

目标，把控好时间和进度。最后是在讨论之后，教师应做总结和评价，以提升学生的认知。在体验式教学模式下，每一次教学都是独一无二的，教师能从每一节课中得到不同的启发，重新设计教学，在积累体验教学经验的过程中提高开展体验教学的技能。在实施体验教学的过程中，教师要特别注重激发学生的表现力和想象力，鼓励学生参与教学活动的交流，明确分工和合作，迁移并转化知识，促使学生满怀激情地在体验过程中认真思考并做出判断，通过表象认识本质。教师在设计情境时，要充分分析学生的思维能力和学习水平，让学生养成课前预习的习惯，以更好地、更主动地参与课堂，并获得深刻的体验认知。

体验式教学需要还原真实的场景，以工作任务为导向完成教学目标，这对教师的专业能力提出了更高的要求。因此，学校要组建配置合理的体验教学团队并进行专项培训，使教师既具备理论知识，又具备实践能力。

（二）学校层面的大力支持

体验式教学不能局限于固定的教学时间和场地安排，需要在空间和时间上给予教师更多的操作灵活度。对此，学校教务管理部门应充分认识体验式教学的特点，从制度机制上保证时间上的机动性，保障体验式教学高质量开展。

除此之外，开展体验式教学需要有配套的教学环境和教学设备，对教学硬件条件的要求比较高。这就需要学校加大对硬件条件的投入力度。

第三节　任务驱动式教学模式

一、任务及任务驱动式教学原理

课堂教学的现状和未来社会的发展要求，促进了一种可以驱使学生主动学习，提升教学效率的教学模式的出现，即任务驱动式教学模式。任务驱动式中的任务究竟什么是任务？如何将任务应用于课堂教学？解决这些问题是有效实施任务驱动式教学模式的重要前提。

（一）任务及其特点

按照一般的定义，任务是指需要通过某种活动完成的某件事。在课堂教学中，任务是指借助一定的手段完成的教育目标，如语文课的背课文、数学课的解数学题、英语课的小组对话、物理课的实验操作等。一般来说，课堂教学中的任务具有以下特点。

1. 真实性

真实性是指任务是具有实际意义的，而非虚构或生造的。例如，数学题目中"两个水管灌水"的问题是具有实际意义的，而非生造的。任务只有具有真实性，才能激起学生学习、探求的欲望。

2. 开放性

完成任务的方式多种多样，最后的结果或许也是不同的，因此任务具有开放性的特点。任务的开放性给学生留出了创造的空间，有利于激发学生的创造性和探索欲望，提高学生的学习兴趣。

3. 可操作性和适当性

可操作性是指任务是具体的，学生可以按任务的要求来完成任务，如识记课文中的重点字词这个任务就相当具体。适当性是指任务的难易程度应适当，否则会影响学生完成任务的积极性。例如，在一个任务中，新知识点最好不要超过7个，因为学生很难在很短时间内掌握如此多的新知识。

（二）任务驱动式教学的原理

任务驱动式教学建立在建构主义学习理论的基础上，是教师在了解学生心理发展和心理特点的前提下所采用的一种行之有效的教学模式，可以有效增强学生的学习动力。

在实际教学中可发现，有些学生在课堂教学中，无论是在行为还是心理上均表现出程度不等的非参与状态。他们之所以没有全身心地投入教学，是因为其学习动力没能受到外力的有效激发。当教学内容挑战性不足或教学内容略高于学生的能力，教师采用亦步亦趋、"小步走"的学习方式，或不能设置科学的"阶梯"时，学生就无法看到知识的全局，进而不愿意发挥自己的主动性。

长此以往，学生就会产生"置身于过程之外"的学习态度，进而出现学习热情与学习动力不足的问题。而任务驱动式教学法借助于一个个"关卡"式的任务单，引导学生沿着任务表循序渐进、逐步深入，让学习具有趣味性和思辨性。如此一来，学生在破解"关卡"的过程中会获得较强的成就感和满足感，从而增强探索欲望，提高学习兴趣。

二、任务驱动式教学模式的理论基础

以任务为驱动的教学方法是一种以建构主义学习理论为主，融合最近发展区理论和相关心理学研究成果的教学方法。它将以传授知识为主的传统教学转变为以解决问题、完成任务为主的多维互动式教学。它符合人类认知规律，注重以学生为主体，能够在培养学生专业能力的同时提高学生的通用能力。

(一)建构主义学习理论

建构主义学习理论是任务驱动式教学模式的重要理论依据，强调学生的学习活动必须与任务或问题结合起来，以探索问题来引导和维持学生的学习兴趣和动机；强调创建真实的教学环境，让学生带着真实的任务学习，以使学生拥有学习的主动权。学生的学习不仅仅是知识由外到内转移和传递的过程，而且是学生主动建构知识经验的过程。在这一过程中，学生能够通过新经验和原有知识经验的相互作用充实和丰富自身的知识能力。

1. 建构主义学习理论的产生与发展

建构主义学习理论是由瑞士心理学家皮亚杰（Piaget）提出的，后经其他学者的完善，形成了完整的理论体系。

（1）建构主义学习理论的源起

作为认知发展领域最有影响力的一位心理学家，皮亚杰提出了认知发展理论。他的这一理论坚持以内因和外因相互作用的观点来研究儿童的认知发展。他认为，儿童是在与周围环境相互作用的过程中逐步建构起关于外部世界的知识，从而使自身认知结构得到发展的。

儿童在和环境相互作用的过程中存在着同化和顺应两个基本过程，前者是指把外部环境中的有关信息吸收进来并结合到儿童已有的认知结构（也称"图式"）中，也就是个体把外界刺激所提供的信息整合到自己原有认知结构中的过程，是对认知结构灵敏量的扩充，即图式扩充；后者是指外部环境发生变化后，原有认知结构无法同化新环境提供的信息时所引起的儿童认知结构重组与改造的过程，也就是个体的认知结构因外部刺激的影响而发生改变的过程，是认知结构性质的改变，即图式改变。儿童作为认知个体，能够通过同化与顺应这两种形式达到与周围环境的平衡。

具体来说，当儿童可以用现有图式去同化新信息时，他的认知就处于一种平衡的状态；当现有图式不能同化新信息时，其形成的平衡就会被破坏，而顺应可以通过修改或创造新图式寻找到新的平衡。也就是说，在同化与顺应的过程中，儿童的认知结构会逐步建构起来，并在"平衡—不平衡—新的平衡"的循环中不断得到丰富、提高和发展。这就是皮亚杰关于建构主义学习理论的基本观点。

（2）建构主义学习理论的形成

在皮亚杰理论的基础上，科尔伯格（Kohlberg）对认知结构的性质与认知结构的发展条件等方面做了进一步研究；斯腾伯格（Sternberg）和卡茨（Katz）等人强调个体的主动性在建构认知结构过程中的关键作用，并对如何在认知过程中发挥个体的主动性进行了认真的探索；维果茨基创立的"文化历史发展理论"强调认知过程中学生所处社会文化历史背景的作用；以维果茨基为首的维列鲁学派深入地研究了活动和社会交往在人的高级心理机能发展中的重要作用。这些研究使建构主义学习理论得到了进一步丰富和完善，为其在教学过程中的实际应用创造了条件。

2. 建构主义学习理论的内容

建构主义学习理论有其基础思想，即学习是学生主动建构内部心理结构的过程，它不仅包括结构性的知识，也包括大量非结构性的经验背景。这一学习理论提倡在教师的指导下以学生为中心的学习。在这种学习的过程中，学生是知识意义的主动建构者，教师是教学过程的组织者、帮助者、指导者和促进者；教材所提供的知识是学生主动建构知识意义的对象，而非教师讲授的内容；媒体不再是帮助教师传授知识的手段、方法，而是用以创设情境，进行协作式学习和会话交流，也就是使学生主动学习、协作探索的认知工具。对于这一学习理论的基本内容，除了要从"学习的含义"（即"什么是学习"）与

"学习的方法"（即"如何学习"）这两个方面加以理解，还要注意从"学习的前提"这一方面加以理解。

（1）学习的含义

建构主义学习理论认为，知识并非借助教师的传授而获得的，而是学生在社会文化背景（即一定的情境）下，在其他人（包括教师和学习伙伴）的帮助下，利用必要的学习资料，通过意义建构的方式获得的。因为学习是在社会文化背景下，借助其他人的帮助（即通过人际协作活动）而实现的意义建构过程，所以建构主义学习理论认为情境、协作、会话和意义建构是学习环境中的四大要素或四大属性。

①情境：学习环境中的情境必须对学生对所学内容的意义建构有利。这就要求教学设计不仅要考虑教学目标分析，还要考虑有利于学生建构意义情境的创设问题，并将情境创设看作教学设计最重要的内容之一。

②协作：协作贯穿学习过程的始终，对学习资料的收集与分析、假设的提出与验证、学习成果的评价直至意义的最终建构均具有重要作用。

③会话：会话是协作过程中不可缺少的环节。学习小组成员只有通过会话才能商讨如何完成规定的学习任务。在此过程中，所有学生的思维成果（智慧）为整个学习群体所共享，因此会话是达到意义建构的重要手段之一。

④意义建构：这是整个学习过程的最终目标。所建构的意义是指事物的性质、规律以及事物之间的内在联系。在学习过程中帮助学生建构意义是指要帮助学生对当前学习内容所反映事物的性质、规律以及该事物与其他事物之间的内在联系产生较深刻的理解。这种理解在大脑中的长期存储形式就是"图式"，即关于当前所学内容的认知结构。

综上所述，获得知识的多少取决于学生根据自身经验建构有关知识的意义的能力，而不取决于学生记忆和背诵教师所讲授内容的能力。

（2）学习的方法

建构主义学习理论提倡在教师指导下的、以学生为中心的学习，即既强调学生的认知主体作用，又强调教师的指导作用。建构主义学习理论认为，教师是意义建构的帮助者、促进者，而非知识的传授者与灌输者；学生是信息加工的主体，是意义的主动建构者，而非外部刺激的被动接受者和被灌输的对象。学生要想成为意义的主动建构者，就要在学习过程中发挥主体作用，具体包括三个方面：一是要用探索法、发现法建构知识的意义；二是要在建构意义的过程中主动收集并分析有关的信息和资料，对学习中遇到的问题提出各种假设并努力加以验证；三是尽量把当前所学内容反映的事物和自己已经知道的事物联系起来，并对这种联系加以认真思考。

可以说，意义建构的关键是联系与思考。倘若能将联系与思考的过程和协作学习中的协商过程（也就是交流、讨论的过程）结合起来，那么学生建构意义的效率就会更高，质量就会更好。协商包括自我协商和相互协商（也称"内协商"和"社会协商"）两种，前者是指和自己争辩什么是正确的，后者则指学习小组内各成员之间的讨论与辩论。

（3）学习的前提

建构主义学习理论指出，学生学习的前提是教师成为学生建构意义的帮助者，教师要在教学过程中发挥三个方面的指导作用：一是教师要激发学生的学习兴趣，帮助学生形成学习动机；二是教师要借助自己创设的符合教学内容要求的情境和提示新旧知识之间联系的线索，帮助学生建构当前所学知识的意义；三是教师为了使意义建构更有效，要在可能的条件下组织协作学习（开展讨论与交流），并对协作学习过程进行引导，使之朝着有利于意义建构的方向发展。

此外，在学生学习的过程中，教师要采用科学的引导方法，即提出适当的问题，以引起学生的思考和讨论；在讨论中设法把问题一步步引向深处以加深学生对所学内容的理解；启发和诱导学生自己发现规律，自己纠正和补充错误的或片面的认识。

3. 建构主义学习理论对教学的影响

建构主义学习理论蕴含的教学思想对教师的知识观、学习观、学生观等产生了积极的影响。

（1）促进教师的知识观发生改变

建构主义学习理论认为，知识并非对现实的纯粹客观的反映，其必将随着人们认识的深入而不断地变革、升华和改写，出现新的解释和假设；知识无法绝对准确无误地概括世界的法则，不能为一切活动或问题解决提供方法，而是需要在具体问题的解决中针对具体问题的情境对原有知识进行再加工和再创造；知识无法以实体的形式存在于个体之外，对知识的真正理解仅能由学生自身基于自己的经验背景建构起来，与特定情况下的学习活动过程相关；学习并非由教师简单地将知识传递给学生，而是由学生自己主动建构起来；学习是学生根据自己的经验背景，对外部信息进行主动的选择、加工和处理，从而获得自己的意义；学习意义的获得是指每个学生以原有的知识经验为基础，对新信息进行认识和编码，建构自己的理解，从而让旧知识经验因新知识经验的进入而发生调整和改变；同化和顺应是学生认知结构发生变化的两种途径或方式，前者能让认知结构发生量变，后者能让认知结构发生质变，使人的认知水平在"同化—顺应—同化—顺应"的不断循环往复中得以发展。

这一知识观让教师开始重新看待知识的学习过程，重视学生对知识的主动学习，注意科学设计教学任务和教学过程，从而运用任务驱动引导学生找到适合自己的学习方法，实现对知识的建构，让学生的学习成为自主学习的过程。

（2）影响教师学习观的建立

建构主义学习理论认为，学生在日常生活和自身旧有知识经验的基础上生长出新的知识经验。在开始时，他们对任何事情都有自己的看法，即使有些问题他们从来没有接触过，没有现成的经验可以借鉴，但是当问题呈现在他们面前时，他们还是会基于以往的经验，依靠自身的认知能力，形成对问题的解释，提出自己的假设。

首先，教学是知识的处理和转换。教学要重视学生的已有知识经验，并非简单强硬地从外部对学生实施知识的"填灌"，而是要将学生原有的知识经验当作新知识的生长点，引导学生从原有的知识经验中获得新的知识经验。可以说，教学不是知识的传递，而是知识的处理和转换。对此，教师不要让自己处于知识的呈现者和知识权威的地位，而要重视学生本人对各种现象的理解，认真倾听学生当下的看法，对学生想法的来源加以思考，并以此为依据引导学生丰富或调整自己的看法。

其次，教学是个体自发的发展过程。在教学过程中，师生需要共同针对某些问题进行探索，并在探索的过程中相互交流和质疑，了解彼此的想法。因为学生之间必然存在着经验背景的差异，所以不同学生对问题的看法和理解经常是千差万别的。实际上，这些差异在学生共同体中是一种宝贵的现象资源，是个体自我发展必然要面对的。

（3）让教师重新定位师生关系，树立新的学生观

建构主义学习理论要求建立新的师生关系，让教师成为学生知识建构的支持者、帮助者和引导者，树立一种崭新的学生观。

首先，要求教师成为学生建构知识的忠实支持者的建构主义学习理论，对教师的作用重新进行了界定，即教师由传统的传递知识的权威转变为学生学习的辅导者以及学生学习的高级伙伴或合作者。为此，教师理应为学生提供复杂的真实问题。这就要求教师不仅要开发或发现问题，而且必须认识到复杂问题有多种答案，以此激励学生产生解决问题的多重观点。要想做到这点，教师需要从三个方面入手：一是为学生创设一种良好的学习环境，使学生在这种良好的环境中通过实验、独立探究、合作学习等方式来展开学习；二是必须保证学习活动和学习内容保持平衡，为学生提供元认知工具和心理测量工具，培养学生形成评判性的认知加工策略以及建构知识和理解的心理模式；三是要认识到教学目标包括认知目标和情感目标，教学是逐步减少外部控制、增加学生自我控制的过程。

其次，建构主义学习理论要求教师转变角色，成为学生建构知识的积极帮助者和引导者。这就要求教师要激发学生的学习兴趣，激发和保持学生的学习动机。要想做到这一点，教师就要借助创设符合教学内容和要求的情境和提示新旧知识之间联系的线索，帮助学生建构当前所学知识的意义。除此之外，为使学生的意义建构更为有效，教师要尽可能地组织协作学习，组织学生展开讨论和交流，并对协作学习过程进行引导，使之向着有利于意义建构的方向发展。

最后，建构主义学习理论要求学生的角色和行为发生变化，学生成为教学活动的积极参与者和知识的积极建构者。建构主义学习理论要求学生面对认知复杂的真实世界的情境，并在复杂的真实情境中完成任务。因此，学生需要采取一种新的学习风格、新的认知加工策略，形成自己是知识与理解的建构者的心理模式。相比于传统教学，建构主义学习理论支持下的教学要求学生拥有更多管理学习的机会，这就要求教师将注意力放在维果茨基提出的"最近发展区"，并为学生提供一定的辅导。当学生的行为发生了变化后，学生就要用探索法和发现法建构知识的意义。在建构知识意义的过程中，学生要主动收集和分析有关的信息资料，对学习中遇到的问题提出各种假设并努力加以验证；要善于把所学内容与已有的知识经验联系起来，并对这种联系加以认真思考。

（二）维果茨基的最近发展区理论

无论是以皮亚杰为代表的教育发展观，还是以詹姆士（James）和桑代克（Thorndike）为代表的教育发展观，均不能清楚地阐述教育与发展之间的关系。于是，心理学家维果茨基经过深入研究，于20世纪30年代提出了最近发展区理论。

1. 最近发展区的概念与内涵

最近发展区是指儿童独立解决问题的实际发展水平与在成人指导下或在与有能力的同伴合作时解决问题的潜在发展水平之间的差距。不同个体的最近发展区存在差异，同一个体在不同情境的最近发展区也不同。这说明学生的发展水平是一个变动的"区段"。在此基础上，维果茨基提出了"教学最佳期"这一概念，指出传统的教学定向于儿童思维已经成熟的特征，处于教学的最低界限，好的教学应该处于"教学最佳期"（即最低教学界限与最高教学界限之间的期限），而"教学最佳期"是由最近发展区决定的。

2. 最近发展区理论

维果茨基将学生借助成人的帮助达到的解决问题的水平与在独立活动中达到的解决问题的水平之间的差异称为"最近发展区"。针对这种差异，他在确定发展与教学的可能关系时，指出要想使教育对学生的发展起主导和促进作用，就必须确立学生发展的两种水平：一是其已经达到的发展水平，表现为学生能够独立解决问题的智力水平；二是其可能达到的发展水平，即要借助成人的帮助，在集体活动中通过模仿才能达到的解决问题的水平。维果茨基认为，对于教育过程而言，重要的不是着眼于学生已经完成的发展过程，而是关注学生那些正处于形成状态或正在发展的过程；只有在成人的引导下，学生才能逐渐走向独立。这一理论使人们看到了学生发展的空间及可能性，与我国开展素质教育的要求相吻合。

3. 最近发展区理论对教学的影响

维果茨基的最近发展区理论将个体与社会、教学与发展、外部与内部、现在与将来紧密地联系在一起，突出了认知发展的社会性、发展方向的多样性、教学对发展的促进、合作学习的重要性，对教学产生了深刻的影响。

（1）促进了支架式教学的出现

支架式教学是指美国著名教育心理学家布鲁纳依据维果茨基的最近发展区理论提出的一种教学模式。布鲁纳用原属于建筑行业的"支架"一词比喻教学中教师对学生的帮助，形象地说明了通过教师的帮助，管理学习的任务逐渐由教师转移给学生，最后促进学生独立学习能力的形成。这一教学方法包括"预热—探索—独立探索"三个环节。其中，预热是教学的开始阶段，是指将学生引入一定的问题情境，并提供可能获得的工具。探索是指教师为学生确立目标，让学生探索尝试，教师在学生探索的过程中对探索的方向加以控制。在此过程中，教师或给学生启发引导，或给学生做演示，或给学生反馈等，逐步增加问题的探索性成分，让学生自己慢慢探索。独立探索则是教师放手让学生自己决定探索的方向和问题，选择适合自己的方法独立进行探索，进而让学生探索不同的问题。

（2）发展出交互式教学方法

交互式教学是美国教育心理学家布朗（Brown）和帕林萨（Palincsar）提出的一种旨在改善学生的阅读理解和自我监控技能的教学方法。这种教学方法强调语言教学必须以学生为中心，教师应提供真实的有意义的语言材料，创设真实自然的语言环境，借助小组讨论的方式，以策略学习为核心内容，使学生在没有教师支持的条件下独立进行学习。

（3）指导自主学习

维果茨基的最近发展区理论对于自主学习起到了促进作用。自主学习是相对于"被动学习"及"机械学习"而言的一种学习方式，是学生在无他人监督情境下而采取的一种学习方式。在这样的学习过程中，学生需要自己衡量自身潜在的学习能力，根据自己的最近发展区更好地制订适合自己的学习计划，在实施学习计划的过程中及时发现不适，并不断反思、调整、修改和完善，不断回顾自身已达到的能力水平，直到发现适合自己的最有效的学习方法，重新制订新的学习任务，最终挖掘出自己的发展潜能。

（4）对情境教学理论的产生具有一定的作用

任何学习均处在一定社会或有实际意义的背景下，这里所说的背景是指特定的情境，包括学生原有经验、所处的社会文化系统、课堂中与教师和同伴的相互作用等方面。因此，教师在教学过程中要借助情境，引导学生从旁观者逐渐过渡到教学活动的参与者，在社会互动中获得知识和技能。

三、任务驱动式教学模式的特点及原则

任务驱动式教学模式是指在教学过程中给予学生若干具体问题，使学生在他人（包括教师和学习同伴）的帮助下，进行自主探索和互动协作，最终达到既定教学目标的一种教学方法。它突出了教师的主导地位，强调学生的主体地位，让课堂教学成为学生主动学习、个性学习和自主学习的过程。

（一）任务驱动式教学模式的内涵及特点

任务驱动是指以各种各样的主题任务驱动教学，使学生在完成任务的过程中学习新知识，掌握新技能，培养创新精神和主动学习的习惯。

1. 任务驱动式教学模式的内涵

任务驱动式教学模式是指在课堂教学中，学生在教师的引导下，紧紧围绕一个共同感兴趣的任务或者主题活动，在强烈地想完成任务这一动机的驱动下，通过对诸如教材、网络、教师、学案等相关学习资源的主动应用，进行自主探索和互动协作的学习，在完成教师设定的既定任务的同时，学会相应的基本技能，完成教学目标，从而培养开拓进取、勇于探索和自主学习的能力。此外，学生在完成任务的过程中，还会不断地获得成就感，进而进一步激发求知欲，形成一个渴求学习的良性循环。

2. 任务驱动式教学模式的特点

任务驱动式教学模式以建构主义学习理论为指导，充分体现了建构主义学习理论"教为主导、学为主体"的思想；强调突出教师的主导地位，发挥教师作为学习组织者、情境创设者、过程引导者、资源提供者、意义建构帮助者的作用；强调学生的主体地位，注重学生的主动学习、个性学习、自主学习；要求具有目标性的任务和真实情境的创建，从而培养学生从实际出发提出问题、分析问题、解决问题的能力。具体来说，任务驱动式教学模式的主要特点有以下几个方面。

（1）以任务为主线

人类的认知结构是在"平衡—不平衡—新的平衡"的循环中不断丰富和

提高的，而任务驱动式教学模式正好符合人类的这种认知过程。教学是一项有目的、有计划、有组织的活动，教学内容需要蕴含于具体任务中，教学目标的实现需要借助教学任务的完成，因此教学任务可以说是贯穿整个教学过程的学习活动线索（即主线）。任务驱动式教学模式以"主任务"为主导，以"子任务"为模块，由教师精心设计教学，符合学生的认知能力，能够让学生在接受任务、执行任务及完成任务的过程中深入学习，掌握相关理论知识，从而提升学生的综合能力。

（2）以教师为主导、学生为主体

在传统的教学模式中，教师处于教学活动的主导地位，其讲授的知识总是正确的，教学方法是填鸭式的，教学过程基本上是按知识的系统性进行的，考核的主要是学生的记忆力。在整个教学过程中，学生处于被动地位，处处依赖教师。师生间的这种不平等的关系，使讲台上的教师与讲台下的学生无法自然交流。在任务驱动式教学模式中，教师由传统的教学中心者转变为学生学习的组织者、引导者、帮助者、促进者，主要根据学生的特点和教学目标来设计任务，创设尽可能真实的问题情境，提供尽可能多的学习资源，组织、引导、促进学生完成整个学习过程，实现教学目标；学生不再是知识的被动接受者和被灌输者，而是知识意义的主动建构者，是信息加工的主体。在任务驱动式教学模式中，学生需要突出作为认知主体的能动作用，主动收集与分析有关信息；能够对学习中遇到的问题提出各种假设并加以验证；有效地获取他人帮助，展开协作与会话。

（3）目标翔实具体，可操作性强

在任务驱动式教学模式中，教学内容紧紧围绕教师精心设计的任务，每个任务均含有一个新知识点和认知冲突，有一定的弹性和开放性，使任务的重点更加突出，有助于学生理论知识体系的形成。学生在完成任务的过程中，能够积极主动地探索各种解决任务的途径，并且选择最佳方案。也就是说，学生成为学习过程的主体，教师只是学习过程的设计者、组织者与引导者。

（4）重在培养学生的创新精神和合作意识

从教师的角度来说，任务驱动式教学模式是建立在建构主义教学理论基础上的教学方法，它将以往以传授知识为主的传统教学理念转变为以解决问题、完成任务为主的多维互动式的教学理念，将再现式教学转变为探究式学习，使学生处于积极的学习状态，能根据自己对当前任务的理解，运用已有的知识和自己特有的经验提出方案、解决问题。在此过程中，教师引导学生展开讨论、交流，能够充分调动学生的积极性，提高学生分析问题、解决问题的能力，有利于培养学生的创新精神和合作意识，使课堂教学过程充满民主、个性与人性，使课堂氛围真正活跃起来。

（二）任务驱动式教学模式的原则

作为基于建构主义学习理论的教学模式，任务驱动式教学模式以具体的任务为主线，将教学内容隐含在任务之中，让学生通过实践与探索来学习、感受新知识，形成新技能，提高学生的核心素养与能力，进而实现教学目标。这种方法不仅可以发挥教师的主导作用，而且能体现学生的主体作用，调动学生的主观能动性和学习积极性，激发学生的学习兴趣，提高学生的学习效率。针对这一教学方法的特点，教师在运用时应遵循以下原则。

1. 处理好学与教的关系

有效的教学活动理应是学生学与教师教的统一。在这样的教学过程中，学生是学习的主体，教师是学生学习的组织者、引导者与合作者。因此，要处理好教与学的关系，科学地诠释学教统一的师生关系。在运用这一教学模式时，教师只有注意以下几个方面，才能处理好教与学的关系：一是要设计精练、精准、精巧的具有挑战性的任务，以增强学生的学习意识，引发学生的学习行为，让学生真正参与到学习过程中来；二是要让学生充分经历学习的整个过程，在疑难、关键处及时提供指导，激励探究型对话；三是在任务之后要特别注重引导学生进行反思提升，反思之后得到的经验、结论就是新知识技能的储备。

2. 处理好过程与结果的关系

学生的学习是一个生动活泼、主动和富有个性的过程，因此教师在运用任务驱动式教学模式时还要注意处理好过程与结果的关系。

教师在运用任务驱动式教学模式的过程中，一方面要给学生充分的时间和空间，重视学生自主探究，少引导、少提示，以激发学生的探究热情和智慧；另一方面要重视反馈，抓住课堂引导学生思辨，让学生展示自己的真实想法，把学生的成功或不成功、创新和疑问都展示出来，并花时间就关乎学习本质的重要方面引导学生进行交流思辨，促进学生对知识的深刻理解，提升学生的学习能力。

四、任务驱动式教学模式的四大基本环节

任务驱动式教学模式是将学生所学知识隐含在一个或几个任务中，由学生提出问题、分析问题、明确问题所涉及的知识，并在教师的指导下解决问题的教学模式。在各学科的学习中，这一教学模式以问题为载体，创设了一种类似科学探究的情境或途径，能够让学生自主地通过已学知识分析问题、完成任务，培养学生的实践能力，帮助学生巩固已学知识。在实际的教学中，任务驱动式教学模式包括以下四大基本环节。

（一）创设情境

创设情境是任务驱动式课堂教学的第一大基本环节。

教师需要创设与当前学习主题相关的尽可能真实的学习情境，引导学生带着真实的"任务"进入学习情境，使学习更加直观和形象化。在教学实践的过程中，创设情境是一个非常重要的环节，它直接影响着教学效果，因为无论教师设计的任务有多好，包含多少知识点，如果不能激发起学生要完成相应任务的主观能动性，那么任务驱动式教学法都无法成功地开展。因此，设计一个能让学生积极主动完成任务的情境是任务驱动式教学模式开展的前提。

设计适当的情境可以令学生在情境中探索实践，加深对问题的理解。生动直观的形象可以有效地激发学生联想，唤起学生原有认知结构中有关的知识、经验及表象，从而使学生利用这些知识、经验及表象去"同化"或"顺应"所学新知识，发展自身能力。此外，自然、和谐、平等的氛围，还为学生随时提出问题、相互讨论创设了条件，让师生得以对话，让学生能够针对教师的讲话、观点提出异议，甚至自主选择具体的学习方式。

需要注意的是，情境的创设要尽可能真实、直观和形象，能够以学生原有的知识为基础，以当前学习内容为指向，有效激发学生的联想，让学生体会到所学知识在日常学习、生活和工作中的应用价值，进而提高学生主动应用知识的意识，促进学生能力的发展。

（二）设计任务

设计任务是任务驱动式课堂教学的第二大基本环节。

在任务驱动式教学模式中，任务的提出是关键，是实施这一教学模式的核心，决定着一节课中学生是主动学习还是被动学习。因此，教师要站在略超前于学生智力发展水平的高度上，即略高于学生最近发展区，提出有利于学生掌握技能、获取知识的有意义的任务。需要注意的是，教师所提出的任务要符合学生的认知规律，把教学内容融入开放平等的教学环境，引导学生自觉地探求知识、获取知识、运用知识。

作为任务驱动式教学模式最主要的理论基础，建构主义学习理论强调学习环境中的情境必须有利于学生对所学内容的意义建构。因此，要想提升教学效果，确保任务能够提高学生的学习动力，就要注重对教学情境的设计，在教学开始时调动学生的学习兴趣，在教学过程中维持学生的学习动机，使得学生能够完成整个学习过程。因此，教师必须注重教学情境的创设，这也是任务驱动式教学的基础。

任务驱动式教学模式的理论基础提示我们，明确学生的心理可以为教学与实践之间搭建一座桥梁，让教师的教学为学生提供丰富的替代性经验，借助于对一个个尽可能真实的情境中的教学问题的思考与解决，深化学生对知识的理解，从而不断地培养学生分析问题和解决问题的能力。可以看出，任务是学生学习的直接动力，是问题提出的外在表现，因此任务的设计十分关键。

要想让任务成为这一教学方法的关键，就要注意任务设计的目标要明确、完整，难度要适宜，要与当前教学内容密切相关；任务形式要多样化，具有一定的趣味性，能够给学生提供一定的想象空间，激发学生的学习兴趣和内在学习动机，培养学生的探究、合作和创新精神。

（三）自主探索，协作学习

自主探索，协作学习是任务驱动式课堂教学的第三大基本环节。

在任务驱动式教学模式的实施过程中，教师不应直接告诉学生如何解决问题，而是要为学生解决问题提供相关线索。它强调发展学生的自主学习能力，倡导学生之间的讨论和交流，主张通过不同观点的交锋，修改和完善每个学生对当前问题的解决方案。为此，教师设计的任务可以由学生个人完成，也可以由学生分小组完成。这一过程具体可以分为两个子环节。

第一环节：学生自主探索。在这一环节，教师不能直接告诉学生应该如何做。教师可向学生介绍一些与任务完成相关的资料，或提出有关怎样充分利用现有资料的建议，或提供一个完成任务的基本框架。在这一过程中，教师要站在略超前于学生智力发展水平的高度上，通过提问、观察、交谈来引导学生对解决问题所需的策略进行探索。

第二环节：学生协作学习。在任务驱动式教学模式的实施过程中，教师最好将学生分成小组进行讨论学习。在此过程中，教师要注意引导学生随时向小组成员传递自己已获得的资料、任务进展情况等，让每个学生的思维成果为整个小组所共享，促进学生共同进步。教师要适时组织小组进行交流讨论，针对小组协作中遇到的问题及时调整计划、进度，甚至调换角色，从而使各小组深入开展各自的学习活动。

可以说，第一环节的存在，表明任务驱动式教学模式改变了传统教学中学生被动接受知识的状况，使学生能独立思考、大胆尝试、自主探索，对学生分析问题、解决问题能力的培养十分有益。第二环节的存在，为学生的合作学习提供了良好的条件，通过将不同层次的学生组成一组来完成同一任务的方式，解决了学生知识与技能层次上存在差异的问题。学生通过合作学习，可以学会表达自己的见解，聆听他人的意见，理解他人的想法，学习他人的长处。

（四）效果评价

效果评价是任务驱动式课堂教学的第四大基本环节。

在任务驱动式教学模式的实施过程中，完成了任务并不等于完成了知识意义的建构，还必须对学习效果进行评价。这也是这一教学模式实施过程的最后阶段。研究表明，恰当的评价可以对学生的发展产生导向和激励作用。一般来说，对学习效果的评价主要包括两方面内容：一是对学生解决当前问题的方案的过程和结果的评价，即对所学知识意义建构的评价；二是对学生自主学习及协作学习能力的评价。

在实施任务驱动式教学模式时，教师要认识到，对学习过程进行评价的目的并非区分学生的资质和优劣，而是促进学生的发展，为学生找到自己能力的增长点，从而帮助学生更好地改进学习。因此，教师对学生的评价一方面要关注学生学习的结果，另一方面要关注学生学习的过程。强调学习结果，重点检测学生的独到见解和对问题的解决能力，能够避免学生仅仅依靠死记硬背应付考试；强调学习过程的主要目的是激发学生的学习兴趣，促进学生主动学习。因此，在任务驱动式教学模式下，教师要充分发挥教学评价与反馈的作用，采用灵活多样的评价方式，及时了解学生的学习进展以及存在的问题，适时给予学生指导和点拨，最终促进教学目标的达成。

除此之外，教师在实施任务驱动式教学模式时还要认识到其存在不足，并非解决一切问题的灵丹妙药，必须灵活处理教材，"糅合"不同的任务，充分了解学生的知识结构，让任务驱动达到预计的效果。总之，任务驱动式教学模式的实施，需要任课教师根据当前的教学主题或目标设计提出任务，采取演示或讲解等方式分析任务，并给出完成任务的思路、方法和步骤。在此基础上，教师可以引导学生边学边做，独立或协作完成相应的学习任务，达到"学中做""做中学"的目的，使学生真正掌握知识与技能。

对于学生而言，任务驱动作为一种有效的学习方法，可提高学习效率，增强学生兴趣，培养独立探索、勇于开拓进取的精神，激发求知欲。同时，在任务驱动式教学模式的实施过程中，若学生在教师的有效评价中得到了充分的肯定，就能够获得满足感、成就感，体验到作为成功者的快乐，从而保持良好的学习势头。

第三章　信息发展视角下的课堂教学——以慕课为例

随着信息时代的到来，课堂教学中融入了更多的信息技术，增强了知识的互动性，形成了大规模的具有互动性的学习模式——慕课。通过互联网络，学生和教师从传统课堂教学中走出来，课堂教学模式也变得越来越新颖。本章将从信息发展视角对课堂教学模式进行探索，通过对慕课这一新型学习模式的分析，更好地了解信息发展视角下的课堂教学。

第一节　慕课的概念及相关内容

一、慕课的概念

"教育"这个词最早出现在《孟子》❶一书中："君子有三乐，而王天下不与存焉。父母俱存，兄弟无故，一乐也。仰不愧于天，俯不怍于人，二乐也。得天下英才而教育之，三乐也。"许慎在《说文解字》❷中解释："教，上所施，下所效也；育，养子使作善也。"

在我国古代，面对面的教授学习一直是教育最主要的实现形式，这种教育

---

❶ 《孟子》为儒家经典著作，位列"四书"，是战国时期孟子的言论汇编。

❷ 《说文解字》为东汉文字学家许慎的著作，简称《说文》。

是一种小规模教育实现的体现，如师傅带徒弟，或者私塾教学等。这种教育形式规模小、成本高，因此采取这种教育形式的学生大部分是家庭条件优越、有一定社会地位人群的后代。

在16世纪的欧洲，基于课堂的面对面学习随着学科和年级开始出现；到18世纪，工业革命的爆发要求提供大量的人才来支撑社会经济的增长和社会生产力的发展。班级教学使得大规模人才的培养成为可能，并成为教育教学的主要形式。但是，优质教学资源的稀缺和不均衡一直是制约教育普及发展的重要因素之一。

现代无线电技术和电视的发明普及，使知识的传播更为广泛，国内也出现了很多广播电视大学，它们均以实现大范围的知识传授为目的。虽然无线电和电视使知识的传播更为广泛，但是这种知识传播方式是一种单向传播，学生只能被动地通过"听"或者"看"来接受知识，教师与学生之间、学生与学生之间也没有形成有效的学习指导、学习监督和互动交流。由于学习过程无法监督，学习效果无法反馈，利用无线电和电视开展的教学效果不佳。

现代互联网技术的普及和发展，使一种新型的、大规模的、具有良好互动性和学习监督功能的学习形式出现，这就是慕课。慕课的英文表达是"MOOC"，是"Massive Open Online Course"的缩写，直译成中文的意思就是"大规模开放式在线课程"。

慕课英文名中的第一个词是"Massive"，是指课程的覆盖范围很大，即选择慕课的学生非常多。从技术的角度来说，通过慕课进行学习的人数没有具体的限制，可以实现上万人同时选择同一门课程进行上课学习。

慕课英文名中的第二个词是"Open"，是"开放"的意思，指慕课课程是开放的，不同年龄、不同学历的人都可以参加慕课的学习。这种开放也体现了另一个含义——免费，即学生对慕课的学习过程是免费的。但实际上，免费只是一种理想状态。从可持续发展的角度来说，慕课平台的运营需要大量的经费支持，因此部分平台也通过提供各种附加服务推出了一些收费课程。另外，如果在顺利学习完课程后，想要保留一张经过认证的纸质的成绩单证书，也是需要付费的。因此，这里所说的"Open"的含义在不断变化。慕课的免费是一种大的趋势，也是大多数慕课建设者共同努力的目标。也许在某一天，慕课能够找到一种合适的商业模式或者资金投入，既能正常地运转发展，又能为学生提供免费的教学资源。

慕课英文名中的第三个词是"Online"，即"在线"的意思。"在线"或"不在线"是指学习的形式，在线学习是指通过电脑网络学习，而不在线学习则通常是指传统学习，即不通过电脑网络学习。慕课是一种在线学习方式，它的学习完全是通过网络平台来实现的。对于学生来说，只需要一台能上网的电脑，就可以完成学习任务，不再需要在固定的时间、固定的地点进行学习，对于教师来说，包括授课、作业批改、课程讨论、考核等各个教学环节都可以放在网络上进行。

慕课英文名中的第四个词是"Course"，即课程。慕课以课程为单位来提供学习内容，课程的内容依据知识点被划分为多个小段的视频，并配以问题反馈、文字资料和作业练习等环节。

目前网络上有很多教学视频课，如一些成人教育网站提供的网络课程，一些世界名校如耶鲁大学提供的公开课等。也就是说，学生可以通过网络直接学习名校的课程。需要注意的是，这种网络视频课或公开课并不等同于慕课，慕课和它们有着本质的不同。

首先，慕课是以知识点为单位的小段视频，时长一般在5～15分钟，学生可以利用碎片化时间随时随地进行学习，灵活地安排学习进度；

其次，慕课可以进行实时的数据采集和分析，随时把握学生的学习进度，分析学生的学习状态，通过各种课程评价分析学生的学习效果，并进行相应的提醒和督促；

最后，慕课课程的学习并不是单向的知识传播，慕课平台是一种附带交流功能的网络平台，学员们可以在网络上进行广泛的交流，可以随时提问，慕课平台也有相应的辅导老师进行辅导，还有在线的作业提交和测验考核。以上这些都是传统的网络课程所不具备的。

二、慕课的类型

（一）cMOOC

cMOOC中的"c"是指英文单词"connectivism"，即"联通"的意思。也就是说，cMOOC是基于联通主义进行发展的。联通主义认为，知识本身是分布在网络中的，教师并不是课程的主导者，而是应该更多地引导课程内容探讨和推动课程学习；学生之间应通过分享来学习知识和创造知识，不同类型和不同背景的学生可以通过社交网络，围绕某一个专题展开讨论，共同构建知识架构，形成联通的学习共同体，通过讨论确定专题课程的目标。

加拿大学者戴夫·科米尔（Dave Cormier）认为，cMOOC的课程学习可以分为五个步骤：一是确定课程目标，通过浏览课程列表确定课程目标，并进行课程注册；二是通过社交网络，如微信、微博、博客等网站和手机应用介绍和展示自己；三是构建个人的学习网络，整理制作个人的学习资料和相关学习资源，包括各类音视频资源，并进行分享；四是参加学习小组和学习社区，积极参与课程研讨，通过提出问题、浏览问题、回答问题等环节来获得有用的知识；五是关注学习的进程和内容，通过网络了解相关的课程内容，确定课程的时间安排，熟悉课程的实施流程。❶

cMOOC课程组织模式如图3-1所示。

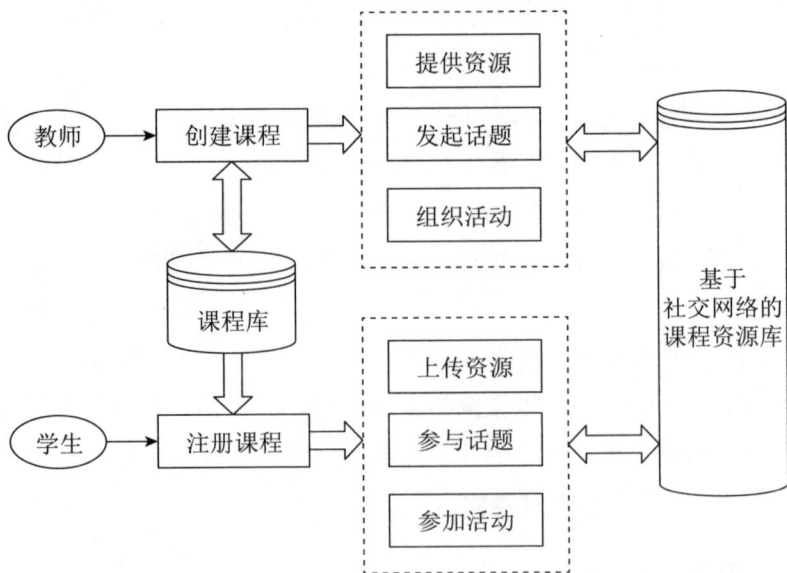

图3-1　cMOOC课程组织模式

（二）xMOOC

xMOOC中的"x"是指extended，意思是"扩展"。xMOOC基于"指导主义（instructivist）"和"行为主义（behaviorism）"，将传统的课程网络化，并加入视频互动、测试、自评、互评等交互和监督环节。在xMOOC中，教师依然是提供知识的角色，学生学习理解知识而不创造和贡献知识。xMOOC更贴近于传统的课堂，也更易于被教师和学生接受。因此，其一经出现就得到了快速发展。目前的绝大多数慕课课程都属于xMOOC。

对应于知识传授型和技能传授型两种不同的认知目标，xMOOC课程又可分为基于任务的慕课和基于内容的慕课。

基于任务的慕课以项目为依托，学生学习慕课的过程实际上是完成项目的过程，学生之间通过合作完成项目任务，最终获得相应的技能。

基于内容的慕课是目前最主流的慕课课程类型，主要是通过理论讲授使学生获取知识。在这种模式下，学生甚至可以完全脱离学习小组和学习社区的互动环节独自完成学习任务。

xMOOC课程组织模式如图3-2所示。

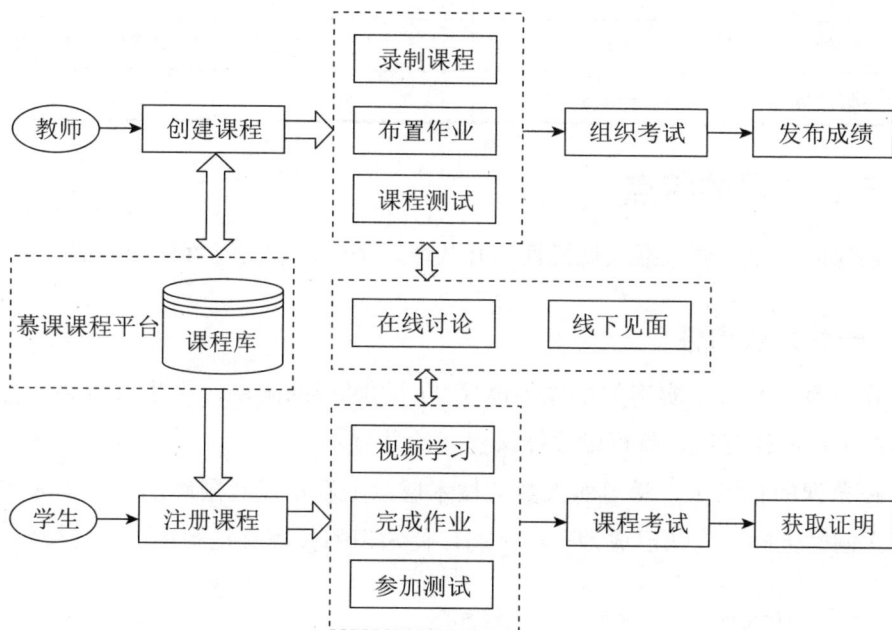

图3-2　xMOOC课程组织模式

cMOOC和xMOOC的比较见表3-1。

表3-1　cMOOC和xMOOC的比较

比较项目	cMOOC	xMOOC	
		基于任务	基于内容
理论基础	联通主义	建构主义、指导主义、行为主义	指导主义、行为主义
认知目标	评价、创造	应用、分析	记忆、理解
学习目标	知识构建	技能掌握	内容获取、知识传递
课程设计	利用开放资源交互引导	情境设计、构建学习社区、任务驱动	内容规划设计
学习难度	难，时间耗费长	中等，时间耗费长	低，时间耗费短
学生特征	高阶思维能力	中等思维能力	低级思维能力
学生与内容的交互	中等	中等	高
学生与教师的交互	低	高	低
学生之间的交互	高	高	低到中等
评价	不注重	不注重	自动评价或学生互评
课程制作成本	中等	高	低

三、慕课的特点

慕课的特点主要包括大规模性、开放性、个性化和交互性四个方面。

（一）大规模性

在互联网基础上实现的慕课不再受空间与时间的限制，学生只需要一台能上网的手机或计算机，就可以选择课程开始学习。

在慕课的教室里，学习的人数从技术层面上看是没有限制的，上千人或者上万人同时上同一门课已成为一种常态，使知识的传播真正实现了大规模。

（二）开放性

慕课从设计之初就被赋予了开放的概念，即课程的学习是开放和免费的，因为慕课设计者的目的是使学生免费共享世界各地名校名师的教学资源。

但是，慕课平台的运营维护需要一定的资金支持，而投资者和运营商也期望能够找到盈利的商业模式，于是收费课程、VIP会员、定制课程等不同的收费课程类型或者收费的附加增值服务应运而生。在此背景下，学生需要付费才能进行课程的学习。这实际上已偏离了慕课最初的设计初衷。

随着时代的发展和慕课商业模式的逐步成熟，向学生收费的模式终将不会长久，"开放、共享、免费"必然是慕课在未来具备的特性。

（三）个性化

慕课的课程教育完全依赖于学生的兴趣，学生可以根据自己的需求自由选择或中断课程列表中的课程。对于一些基础、简单的知识点，学生也可以通过提交练习等方式快速跳过。以上这些都体现出慕课的个性化特点。

参与慕课学习的学生具有不同的国籍、年龄、种族、受教育程度等，每个人也都有自己的学习习惯、学科基础和兴趣爱好，因此对于知识内容和形式的需求也是多种多样的。个性化的慕课可以满足这些学生不同的需求，使学生可以根据自身的实际情况选择学习课程、学习进度（一定范围内）、学习时间、学习地点等，这也使得慕课实现了快速发展并得到各种不同背景学生的认同。

（四）交互性

在慕课出现之前，远程教育的形式包括函授教育、无线广播课程和电视课程等。到了互联网时代，也有一些网络课程出现，如各个大学的公开课、网易公开课等，但是这些课程都不能称为慕课，因为它们并不具备慕课所具有的交互性特点。

即使是非面对面的教育，慕课依然强调授课教师和学生之间的交互性，以及学生之间的交互性。有的慕课课程会设计线下见面课，通常这类课程都是学校里的学分课，选课的学生也是同一所院校的学生。在线上，慕课一般都会设计一些问题来评价学生的学习过程，并引导学生进行思考。另外，在线的学习讨论是慕课学习必不可少的环节，慕课平台通常都会提供一个在线学习讨论社区，供教师和学生进行交流学习。

四、慕课存在的问题以及慕课与传统课堂的融合理念

(一) 慕课存在的问题

在慕课发展初期,由于其大规模开放教育的概念,有学者乐观估计了学生的主动学习能力,认为它将颠覆传统的教育,替代传统的教学课堂,甚至会导致传统校园消失。然而,在推进慕课的过程中,慕课逐渐暴露出如下一些问题。

1. 慕课学习的完成率过低

虽然慕课选课人数日趋庞大,但实际上真正能够完成慕课课程学习的学生并不多。据统计,慕课课程在早期的平均完成率低于15%,甚至部分平台课程完成率低于10%。

2. 自动化评价和同学互评降低了学习体验

由于选课人数过多,慕课的课程评价一般采用客观题自动评价、主观题由学生互评的方式。客观题自动评价无人工参与,结果实时输出,只有正确答案,没有解释或者只有冰冷无变化的解释,学生体验的是一种无情感、快餐式的学习,没有反馈和深入挖掘问题的动力。主观题的学生互评缺乏统一的互评标准,一些不负责任的互评进一步降低了学生的课程学习体验。

3. 学习效果难以评估

虽然慕课也设计了完善的学习过程评估模式,通过习题、测验和测试试图评估学生的学习效果,但缺乏实践教学,这是其一大短板。例如,现在网上流行的编程类课程,在传统教学中往往要安排三分之一甚至一半的课时上机实践,教师在实践指导的过程中往往能够一针见血地指出学生学习的薄弱之处并现场解决,这个过程在慕课课程教学中是缺失和无法实现的。即使一些慕课课程开设了讨论区,教师和学生可以在其中进行问题讨论和解惑答疑,并且这种相互交流可以是24小时持续的,具有传统现场教学所不能比拟的优势,但是从实时指导效果来说,它依然不如现场指导的效果好。

4. 学习成果认证的不完善

慕课的课程学习完全在网络上进行,学生的身份认证实际上是不完善的,

慕课平台并不能确定屏幕前的学生到底是谁。尽管部分高校开始认可慕课的教学质量和教学效果，一些高校已建立了慕课的学分认证机制，但是慕课课程学生的身份认证是慕课学分互认的最大障碍之一。甚至现在高校校园里出现了代上慕课、代修学分的小广告，这些方面还有待于进一步改进。

5. 传统教育工作者的抵触

慕课目前推广的都是名师名课，如果课程库里已经存在同名的名师课程，则普通教师再次录制课程就不易被接纳。实际上对于普通教师来说，采用慕课教学体验并不好，教师从传统的站在讲台上讲课转到了幕后进行答疑，普通教师失去了台前讲课的价值体现，价值感、认同感和荣誉感的缺失使普通教师没有动力去推动慕课教学，而自己制作慕课则需要付出大量的精力。这些因素使得慕课在传统课堂中的推进困难重重。

（二）慕课与传统教学的融合理念

慕课与传统的面对面教学之间不应该是替代关系，而应该是互补融合的关系，是"一种相互借鉴、互为补充、彼此促进的互惠关系，而不是彼此消解和替代的破坏关系"❶。

传统教育工作者对于这种由于技术更新所带来的新型教学模式不应该抵触，而是应该持开放的态度并积极学习理解，同时将其融入自身的教学过程，对教学方法、教学案例和内容组织等进行本地化和资源组合，给学生带来更好的学习体验。

第二节　基于慕课的混合式学习

一、混合式学习的概念

互联网技术深深地影响着人们生活、工作的方方面面，在教育领域也不例外。当传统课堂遇到网络学习时，就会产生一系列新的学习模式，而混合式学

---

❶ 贺斌：《洞察 MOOC 之"道"》，电化教育研究，2014（12）：41-49。

习就是这样一种适应互联网时代的学习模式。

混合式学习最早出现在印度，其英文是"Blending Learning"。2002年，印度国家信息技术学院❶（National Institute of Information Technology，NIIT）发布了《混合式教学白皮书》（*Blending Learning White Book*）。在该白皮书中，印度国家信息技术学院将混合式教学定义为面对面学习、实时E-Learning和自定义步调学习相结合的学习方式。

在网络学习出现后的很长一段时间里，面对面的课堂教学与在线学习一直是两种完全独立的学习方式，它们面向不同的学生，使用不同的教学方式，解决不同的需求。

传统的课堂学习要求教师和学生在相同的时间和空间进行知识的传授和信息的共享。通常这种面对面的课堂教学都是以教师为中心，采用统一单一的纸质教材以及以课堂连续讲解为主的教学方式。课堂学习具有良好的学习氛围，学生可以亲自动手进行试验和实践。在这个过程中，教师可以随时进行指导，与学生建立信任和依赖的关系，对学生的学习易于起到督促和促进的作用。

在网络学习中，多媒体技术的应用使得很多知识可以采用图文并茂、动画演示等多种方式展示出来，使学生更容易接受和理解知识，从而提高学生的学习兴趣。学生也可以自己制订学习进度计划，自由选择合适的学习时间。但是，由于没有教师面对面的督促和指导，学生的学习效果直接与学生的学习主动性挂钩，无法得到保障。

混合式学习把传统的面对面学习和网络学习两种学习模式融合到一起，这种融合不是简单的1＋1，而是根据实际情况重新进行教学资源的组织和教学各环节的实施，以期能够挖掘这两种学习模式中的优势，提高教学质量和教学效率。

混合式学习在各个层面都要体现"混合"的特点。教师要发挥传统面对面教学的知识传授作用、对教学过程的把控作用，以及对学生的引导、启发作用；学生也不再是被动地接受知识，而是作为学习的主体，能够根据兴趣扩展学习内容，通过丰富的交互方式加深对知识的理解并培养团队合作能力，最终实现学习目标。

---

❶ 印度国家信息技术学院不是一个大学办学机构，它在1981年成立于印度新德里，是一个信息技术类的跨国公司，专门提供IT教育、培训、软件解决方案和教育多媒体。该公司是印度第一大教育与培训公司、第二大IT服务公司和第三大软件出口商。

二、混合式学习的设计流程

混合式学习自从出现以后，就受到各个国家教育学家的关注。在混合式学习中，每一个角色都承担着很重要的任务。

教师处于混合式教学的核心位置，要负责混合式课程的改革设计、混合式课程的规划落地、教学方式和教学计划的修订，以及混合式课程的最终实施。

学生则是混合式学习的主体，既需要按照教师设定的学习规划进行学习，又可以自主地根据自己的学习进度和知识掌握情况选择一些扩展内容进行学习。

教学的管理者要负责混合式学习平台的搭建和维护，制定政策鼓励和激励教师进行课程的改革和创新，创造条件让教师外出学习和培训。

美国教育学家迈克尔·霍恩（Michael Horn）和希瑟·斯特克（Heather Staker）给出了混合式学习的设计框架，如图3-3所示。[1]

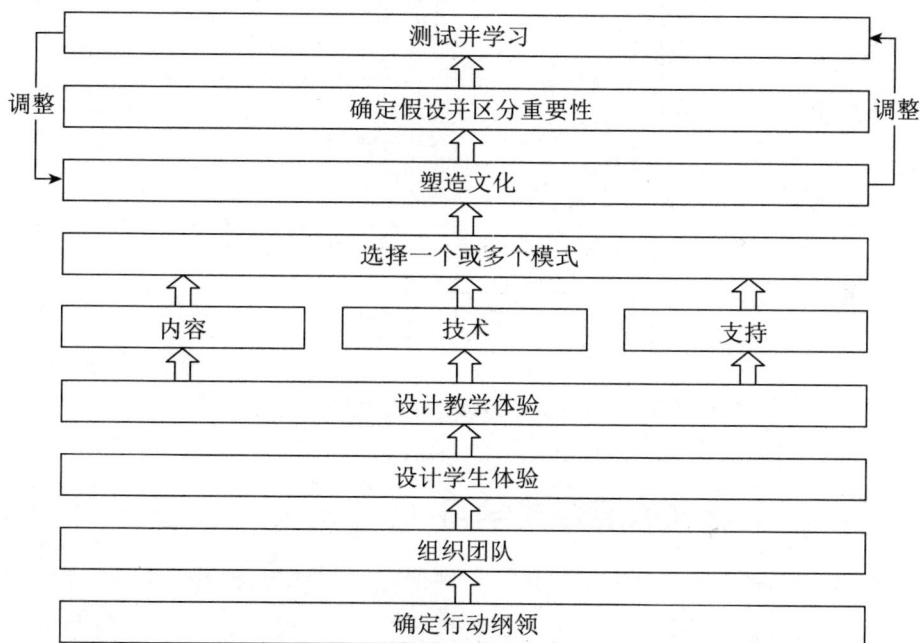

图3-3 混合式学习的设计框架

混合式学习的开展符合最先进的教学理念，即"以学生为中心"。因此，

---

[1] Michael B. Horn, Heather Staker: *Blended*: *Using Disruptive Innovation to Improve Schools*, John Wiley & Sons，2015：31-34。

混合式教学首先需要确定学生内在的学习需求，在此基础上，由教师制订学习计划和评价策略，开发和选择学习内容，执行计划和评价策略，同时在这个过程中跟踪学生的学习效果并对学生的学习结果进行评价。

李克东等人对混合式学习的设计框架进行了进一步优化，如图3-4所示。❶

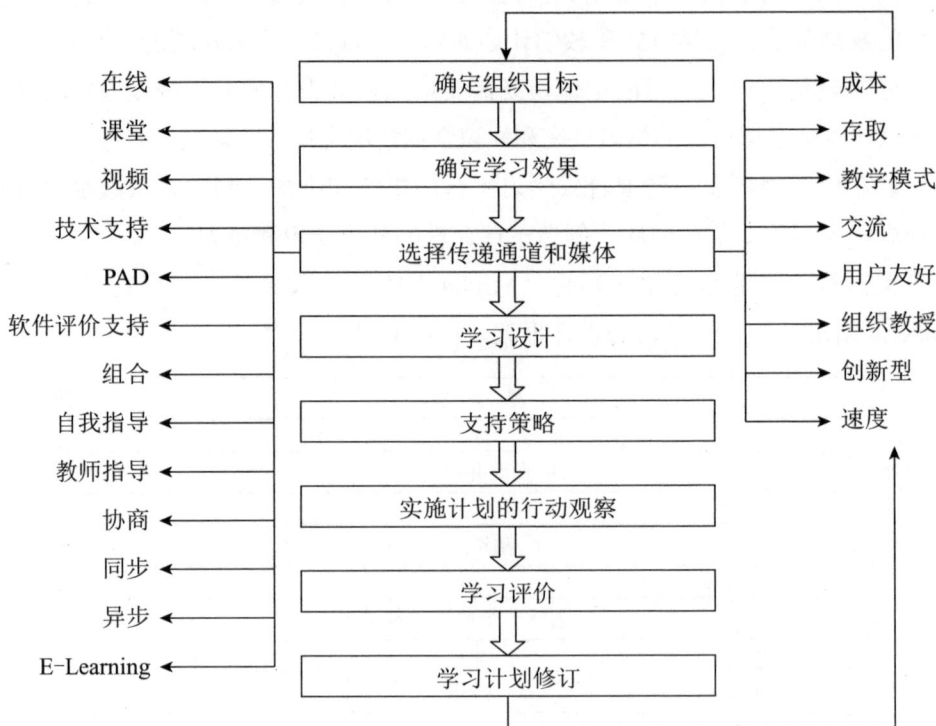

图3-4　混合式学习设计框架的进一步优化

三、基于慕课的混合式学习

慕课是目前网络学习中最有效的一种形式，将它与传统的面对面课堂教学相结合，就构成了一种以学生为中心的有效的混合式学习形式。在这种混合式学习中，学习范式的核心是以学生为中心，充分利用网络资源和网络技术发挥教师的引导和启发作用，通过学生的个性化学习和主动学习实现网上交互、学习过程评价以及考核评价，同时结合线下课堂，最终达成学习目标。

---

❶ 李克东，赵建华：《混合学习的原理与应用模式》，电化教育研究，2004（7）：1-6。

基于慕课的混合式学习的设计流程如图3-5所示。

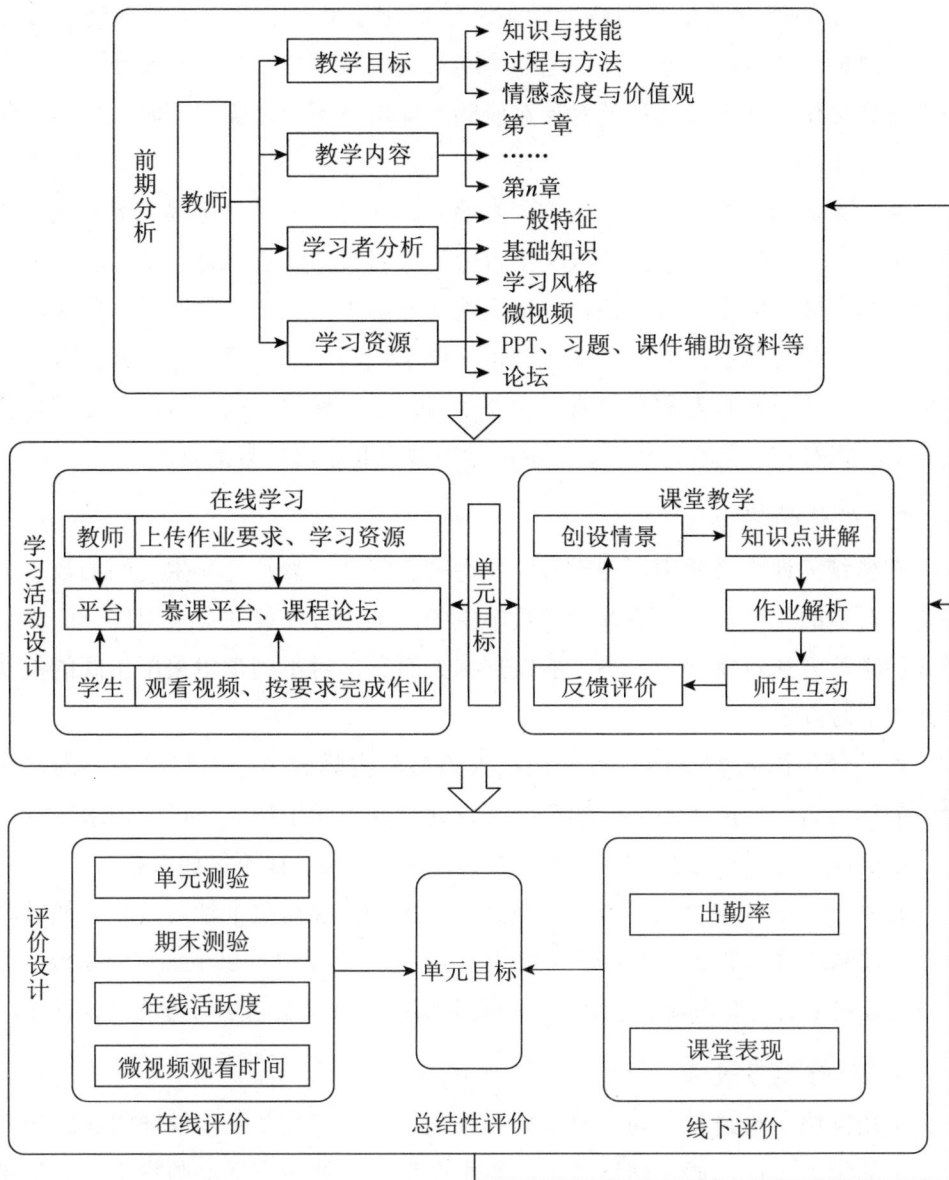

图3-5 基于慕课的混合式学习设计流程

（一）基于慕课的混合式学习的优势

基于慕课的混合式学习的优势体现在以下几个方面。

1. 制订学习计划

在传统的课堂教学和网络教学中，学习计划早在开课之前就已经制订完成。当出现一些客观问题，如部分学生学习进度跟不上，学习状态在学习的过程中发生变化，或者发现授课对象对应的授课内容不合适等问题时，很难对学习计划进行修改。

基于慕课的混合式学习在这方面有明显的优势。在基于慕课的混合式学习中，学习计划依据学生在网络教学平台中的学习数据动态制订，学生的学习统计数据和个性化的学习数据都直观地反映在教学平台上，教师既可以掌握所有学生的整体学习状态，又可以细化到每一位学生的个体学习状态，从而可以随时根据学生的学习状态和学习要求调整学习计划，使整个教学方案都能够与学生的学习状态完全契合，从而达到提高学习效率和学习质量的目的。

2. 设计学习方法

在传统的课堂教学中，由于教学资源的有限性，教师与学生之间的数量关系是一对多的关系。为了照顾大多数学生的需求，教师往往会采用统一的教学模式和学习方法对待学生，不可能做到因人而异，对不同学生采用不同的教学模式和学习方法。

在传统的网络教学中，教师无法真正参与实际教学，而且对于不同在线资源的学习组合构成了不同的学习方法，这就要求学生按照自己的需求进行选择。由于这一过程缺乏教师的参与，学生的学习效果往往不尽如人意。

在基于慕课的混合式学习中，教师与学生一起参与整个学习过程。教师既可以通过网络教学平台工具了解学生的学习状态，给学生提供个性化的指导，又可以通过线下的面对面课程了解学生的真实情况，对学生的学习方法进行指导。

3. 跟踪学习过程

采用网络平台进行学习，对于教师来说最大的好处就是能够随时跟踪每一个学生的学习过程。通过网络技术，学生在平台上的所有活动数据都会被记录下来，最终形成学生的画像。这些数据既可作为最终课程考核的依据，又可作为教师调整相关教学内容和环节、进行教学干预的数据支撑。

4. 评价学习效果

传统的学习效果评价采用的是试卷考试的方式，这种结果导向的评价方式虽然有一定的合理性，但是由于出题类型、题目内容覆盖面等多方面因素的影响，这种方式存在一定的不足。

在基于慕课的混合式学习中，学生的整个学习过程均被完整地记录下来，把日常学习过程和学习评价相结合，利用平台数据统计、网上作业评测等功能，再加上期末的线上线下考试，即可实现多元化组合学习效果评价。考核的结果可及时反馈给教师和学生本人，为教师的教学干预和学生的自我调整提供参考。

（二）基于慕课的混合式学习的基本特征

慕课与传统课堂相结合的混合式学习是一种全新的学习方式，具有以下特点。

1. 以学生为中心

基于慕课的混合式学习完全顺应了我国教育改革的发展，其最主要的特点就是改变了传统课堂以教师为中心的学习方法，以学生为中心，学生成为学习的主角，教师则成为学习的辅助和引导者。

在基于慕课的混合式学习中，学生可以根据自己的兴趣和学习的实际情况调整学习进度和学习安排；可以自行选择慕课平台提供的课程资料，确定是否参加课程组织的活动；对于相似的课程，学生可以自行挑选自己喜欢的教师、讲课风格以及内容安排。以上这些都是"以学生为中心"的教学理念的体现。

2. 学习要素的深度及全方位混合

基于慕课的混合式学习提供了包括学习方式、学生等的混合。

对于学习方式来说，原来传统课堂的理论讲授被搬到了线上，线下课程变成了学习讨论和引导课。这种学习方式彻底改变了以往教学就是知识灌输的形式，留给学生更多的时间和更多的形式来进行思考和理解，并且加强了小组成员之间的分工合作，提高了学生学习课程的兴趣和效率，提升了学生的综合素质。

对于学生来说，其同学既有线下传统意义上的同班同学，又有线上的同学。在线上，学生可以与素不相识的同学共同探讨问题、互批作业；在线下，学生可以与同学面对面地沟通交流、完成作业和实验。

这种新的混合式学习提供了更多的可能，为探索更高质量的课程活动组织奠定了基础。

3. 师生之间及学生之间的全方位互动交流

基于慕课的混合式教学调整了教师的角色和学生的角色，教师不再是高高在上的存在，学生也不只是被动地接受知识，教师与学生之间可以充分利用信息技术和交互工具进行深度沟通和交流。在线上，教师能够及时获得学生学习情况的反馈；在线下，教师可以直接对学生进行辅导和引导。此外，慕课课程背后往往是一个教学团队，学生在线上可以同时面对多名教师，并与他们进行沟通交流。

学生之间也存在多种形式的交流，从而可以在短时间内了解多名学生对同一个问题的看法。这些都是传统课堂所不具备的特点。

总而言之，基于慕课的混合式学习是以学生为中心的教育范式，以多种学习理论为支撑。基于慕课的混合式学习以在线学习为突破点，以培养学生个性化学习、自主学习、探究学习为目的，是一种全新的学习方式和教育模式。

第三节　基于慕课的翻转课堂

一、翻转课堂的概念

翻转课堂的英文是"Flipped Classroom"，也被称为"反转课堂""颠倒课堂""课堂翻转""翻转学习"等。

在传统课堂中，教师在课上进行知识点讲解，学生在课下做作业、做练习，从而巩固所学内容。翻转课堂把这个课程顺序颠倒过来，变成了教师事先录制知识点讲解视频，学生在课下通过网络视频听课；课上则主要是师生进行面对面的交流互动、展开小组协作和教师独立指导。

翻转课堂运用了先进的互联网技术，改变了传统的师生角色，是对课程学习过程和课堂时间重新进行规划的一种新的学习模式。

传统的课堂教学不注重学生之间的差异，知识的灌输无法与学生的需求完全对应起来，理解能力强的学生感觉课程进度太慢，理解能力差的学生又会觉得教师讲解进度过快。于是，破解这种教学困境，切实提高课堂教学实效成为教育工作者多年来的追求。翻转课堂注重学生的课前自主学习，把课堂学习从传统的一对多的"满堂灌"转变为对学习个体的疑难辅导，并通过小组协作加强学生之间的交流协作，是一种注重个体差异性的个性化教学方式，符合现代教育以学生为中心的教学指导思想。

二、翻转课堂的发展历史

翻转课堂这一形式早已出现。在我国古代私塾中，教书先生就常常让学生课下背书，课上站在讲堂前面向其他学生背诵和讲解，以检查学生个体的背书情况。20世纪20年代，美国军方为了让学员更深入地理解和应用所学知识，要求学员在课堂上复述上一次课所学习的内容，并演示做题。在现代教育传统课堂上，教师会让学生到黑板上做题，作为检查学生学习情况的一种手段；对于优秀的学生，教师还会让其做完题后进行讲解。

我国教育家邱学华在20世纪50年代教授小学课程时发现，传统的教师先讲、学生听懂后再做练习的方式所取得的教学效果很不理想，而且教师劳累、学生辛苦。后来，他提出了尝试教学法，使教学过程变成了先试后导、先练后讲。在采用这种方法时，学生需要先进行尝试练习，在尝试练习的过程中如果遇到困难，可学习课本内容或者寻求教师的帮助。这样一来，就可以引导学生从自身的学习需求出发主动获取知识，发挥学生在学习中的主体作用。尝试教学法的实践结果表明，这种先试后导、先练后讲的教学过程极大地提高了学生的学习主动性，其取得的教学效果要比传统教学好很多。

翻转课堂真正发展起来是由于信息技术在教育界的推广应用。利用信息技术，教师可以事先把课程录制成视频放在网络上，安排学生在课下学习；而课上则成为学生与教师面对面地交流互动、学生之间进行团队协作以及教师对学生进行单独辅导的时间。

三、慕课与翻转课堂

慕课的优势就是在线资源共享，学生可以随时随地访问这些资源，可以有效利用碎片时间学习。结合慕课的优势，把它与传统课堂结合起来实现基于慕课的翻转课堂，可以有效利用学生的线下学习时间，调动学生的学习积极性，提高学生的自主学习能力，从而有效提高学生的学习效率和学习效果。下面以私有慕课为例，介绍基于慕课的翻转课堂。

私有慕课的英文简写是"SPOC"。S是指英文单词Small。通常情况下，一门慕课的选课者可以多达成千上万人，而且从技术角度来说没有上限；而在私有慕课中，选课人数一般控制在几十人到上百人，与传统课堂的选课学生人数类似。P是指Private，即"私有"的意思。与慕课的开放性不同，私有慕课课程并不开放，而是设置了一些限制条件，只有被邀请的申请者或者符合一定条件的申请者才有资格选课并进行私有慕课课程学习。O是指Online，是"在线"的意思，与慕课中"在线"的含义相同。C是指Course，是"课程"的意思。

虽然私有慕课具有非开放性和小型化的特点，限制了受众范围，但是针对前文所述的慕课存在的问题，私有慕课要比慕课有效得多。

目前的私有慕课主要面向在校大学生，在具体的实施过程中可采用混合学习方法，利用慕课的学习资源实现翻转课堂，也就是基于慕课的翻转课堂。

私有慕课的实施包括课前、课中和课后三个环节。

在课前，教师发布与本次课程相关的知识点的学习任务，由学生在课下学习。这种学习过程可以看作一种预习，但又有别于传统的预习，因为预习的过程由传统的课本自学转换为视频讲解，使学生更容易理解和接受。

在课堂教学中，教师组织学生进行小组讨论，并对学生提出的问题进行解答，通过面对面交流掌握学生的学习效果。教师可以抽调优秀的学生对大家共同的疑难问题进行讲解，也可以要求学生通过小组讨论对结果进行总结。私有慕课的课堂教学可以是多样化的教学，教师可以通过随机提问、学生讲解、小组讨论、公共问题解答等多种方式调动课堂气氛，并使用信息化工具及时获得学生的学习反馈，以学生为中心，采用多种方式调动学生学习的积极性。

在课后，学生需要完成课堂布置的个人作业和小组讨论作业，在课下进一步展开协同学习和互相监督。

所有参加私有慕课的学生都需要参加最后的课程考试。课程考试可以采用集中的线上考试，也可以采用线下考试，但无论采取哪种方式，都需要对参加考试的学生进行有效的身份认证。

根据私有慕课与传统课堂的结合程度，结合学生的接受度，在保证教学效果的同时，可适当减少传统课堂的学时数，加强师生的线上交流互动。

　　私有慕课充分利用了慕课公开资源，既能使学生享受高质量的课程资源，又能够更高效地利用课堂时间，实现了翻转课堂。而且在传统课堂的推动和教师的线下督促之下，私有慕课的课程完成率会达到一个较高的水平，学生也会产生较好的学习体验。可以说，基于私有慕课的翻转课堂集合了慕课和传统课堂的优势。

第四章 培养学科核心素养视角下的课堂教学

在进行课堂教学时，基于学科核心素养对传统课堂进行改革，能够使课堂教学获得全新的发展。本章将在学科核心素养的视角下对不同学科的课堂教学模式进行探索，以推动课堂教学的转型。

第一节 学科核心素养及其意义

作为核心素养的载体和体现，学科核心素养是准确理解基于核心素养的课程改革的前提，是从事课程改革后课堂教学的关键。可以说，它直接影响着课程改革后课堂教学的转型。

一、学科核心素养的内涵

学科核心素养是在特定学科或某一领域的知识学习过程中形成的，体现了学科思维特征及态度，是能够适应终身发展和社会发展需要的必备品格和关键能力，是学生核心素养水平的重要体现。要想准确地理解学科核心素养，必须理解它的内涵。

（一）学科核心素养的培养是学科教育的本质

社会分工产生了不同的学科，让学科成为知识形态、活动形态与组织形态的统一体。从这一角度而言，学科教育成为学校对学科本质的安排和培训。在核心素养提出之前，我国基础阶段的学科教育只是"学科"和"基础教育"的融合，与现实社会之间缺少紧密的联系，有时甚至到了脱节的地步，由此造成学生各阶段的学习是孤立存在的。学科核心素养的提出，就学科本质而言，打破了学科之间彼此孤立的思维方式，让学科基础教育立足现实、服务未来，成为个体发展和社会发展之间的纽带，兼具基础性和发展性的特点，展示出了学科教育独特的育人价值和社会诉求。

（二）学科核心素养包含丰富的结构系统

学科核心素养包含知识、能力、情感、价值等要素，体现了学科赋予个体终身学习和全面发展的基本素质。如图4-1所示为学生个人发展和社会发展视角下的学科核心素养结构系统。

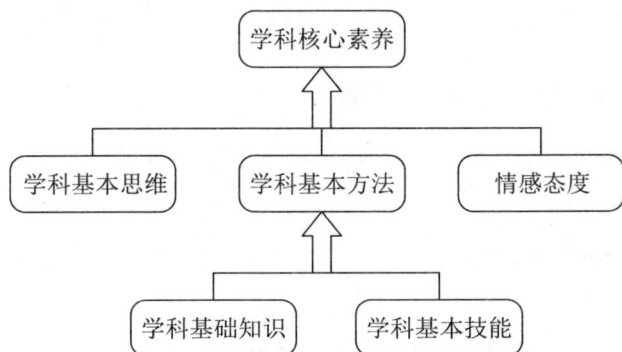

图4-1 学科核心素养结构系统

由图4-1可知，底层的"学科基础知识""学科基本技能"是双基指向，中间层整合了"三维目标"中的"情感态度"，并与"学科基本思维"和"学科基本方法"相互依存，共同构成了结构分明的学科核心素养体系。

需要指出的是：

第一，学科核心素养体系内的学科基础知识和学科基本技能是在"知识构建"的教学观指导下，来源于生活，最终回归生活的学科学力基本构成要素。

第二，学科核心素养结构系统中的"情感态度"不仅包含一般意义上的动机、态度、策略等因素，而且包含对学科特有的归属感、价值观、学科观念等人格品性。

第三，学科核心素养体系内各要素之间是有机相连的，它们共同构成了学生的学习体验，其中每一个要素的发展都会对其他要素造成影响。比如，将知识与能力共同作用于解决实际的问题，能够促进学科基本思维和学科基本方法的形成等。

第四，学科核心素养的培养最终体现在具有学科特点、可以迁移的必备能力和关键品格上。

二、培养学科核心素养的意义

学科核心素养是一种具有学科特质而又含有跨学科特点的能力和品格，是核心素养在特定学科（或学习领域）的具体化，是学生学习一门学科（或学习领域）之后所形成的具有学科特点的成就（包括必备品格和关键能力），是学科育人价值的集中体现。因此，培养学科核心素养具有积极的意义。

（一）有利于核心素养的培养

学科课程教学与学科素养之间有着极其重要的联系，也决定了学科核心素养与核心素养之间的关系。核心素养的培养要利用学科课程教学来进行，而学科核心素养的培养是核心素养落地的抓手。由此可见，学科核心素养的培养有利于核心素养的培养。

学科是学校教育教学的根本依托，甚至可以说是学校教育之本。所有改革的理念和目标都必须落实到学科层面，否则再好的改革蓝图都只是"空中楼阁"。相应地，核心素养也要分解和体现到学科核心素养之中，否则核心素养就无法落地。核心素养是培养目标的具体化，而学科核心素养则是核心素养的具体化，即把理想转化为现实的唯一通道。

（二）决定着学科教学的方向

学科核心素养是核心素养在学科教学中的体现和落实，因此指导着学科课程教学，是教师进行学科教学的依据。教师只有深入学习和掌握学科核心素养，才能在学科教学中跳出学科看学科，让学科教育不限于学科，实现学科之间的贯通、学科与生活的贯通、学科与活动的贯通、学科与大教育的贯通。

　　传统的学科教育过度地在学科上做文章，教师往往纠结于学科知识的容量和难度，虽然对所教学科的知识点和训练烂熟于心，但是对学科的本质和教育价值知之甚少，对学生通过本门学科要形成哪些核心素养以及怎样形成这些素养不甚了解。学科核心素养是学科本质观和学科教育价值观的反映，只有抓住学科核心素养，才能抓住学科教育的根本，才能正确引领学科教育的深化改革，使学科教育真正回到服从和服务于人的发展方向和轨道上来，全面发挥学科的育人功能。因此，可以说学科核心素养是学科教育的灵魂。

第二节　学科核心素养的形成及培养

　　学科核心素养是课程标准的灵魂，是一条主线，统领着学科课程知识的选择、课程内容的组织、课程角度的确定、课程容量的安排以及课程的实施和作业标准的确立。因此，在学科核心素养的视域下，课程设计应指向核心素养，核心素养需要融入学科课程，从而达到培养学生核心素养的目的。

一、学科核心素养形成的前提

　　学科核心素养是学科的思维品质和关键能力，是核心素养在学科教材、教学、评价等载体、内容、过程中的具体呈现与融会贯通。要想形成学科核心素养，就要把握好相应的前提。

（一）明确学科核心素养的载体

　　学科核心素养并非凭空形成，而是学生通过对某学科的学习逐步形成的，因此学科知识与学科活动是学科核心素养的两翼。其中，学科知识是学科核心素养形成的主要载体，学科活动是学科核心素养形成的主要路径。要想让学科知识真正成为学科核心素养的载体，就要理解学科大概念，把握学科结构。

1. 理解学科大概念

大概念是指反映学科本质及其特殊性的构成学科框架的概念，是一种高度形式化、兼具认识论与方法论意义、普适性极强的概念。大概念不仅是一个简单的词语，它背后潜藏着一个有意义的世界，超出了一个普通概念的应有内涵与外延，是学科思想和理论及其体系的负载体。要想理解学科大概念，可以从学科知识关系和学生学习的角度入手。

从学科知识关系的角度来看，大概念处于学科知识金字塔的顶端，具备最强的解释力、抽象性、概括性和包容性。如果用形象的语言描述，那么大概念就是学科知识体系的细胞核，内含遗传密码，最具再生力、生发力和预示力，是活性和繁殖性最强的一种知识类型，是其他知识得以生发与依附的主根。倘若将学科知识看作"内核＋围绕带"的结构，那么大概念就位于最中心圈层。在其外围，其他知识按与大概念的逻辑关系依次排列，形成了"众星捧月"式的结构。在这一结构中，其他知识是核心知识的生存背景与着生土壤，是学生理解、消化核心知识的垫脚石与助跑器。

从学生学习的角度来看，大概念是一种学科思维方式、学科思想方法，是学生认识世界的一种"眼光""心态""尺度"。形象地说，大概念是一个"纲"，纲举目张；大概念如一条线，将知识串起来。总之，抓住了大概念，学科的其他知识和相应的教学活动都可以被"提起来"，被"牵扯"出来。因此，大概念教学是整个学科学习活动的连心锁，是赋予学习活动以整体性的关键。

总之，大概念作为学科知识的精华所在，作为最有价值的知识，作为最能转化为素养的知识（最有素养含金量的知识），是理解学科核心素养的重要前提。只有理解了大概念，才能在选择教学内容时，体现"少而精"的原则，从有助于实现学生"精细化"学习的角度入手，让学生真正地消化和吸收知识，进而在促成知识向素养转化的同时，减轻学生的学业负担，使其形成学科核心素养。

2. 把握学科结构

学科知识不是学科各个知识点的简单排列和堆积，而是一个有结构的有机整体。学科之所以为"学科"，是因为它不是简单的概念与知识要点的堆砌，而是因为它有着独特的结构，学科知识之间存在不可割裂的内在联系。掌握了学科的关系与结构，学生就能从整体上把握学科及学科知识。因此，要想形成学科核心素养，还要注意把握学科结构。

何为结构？简言之就是事物的联系，表现为组织形式和构成秩序。学科结构是指学科知识之间的有机整体。众所周知，知识之间存在客观的内在联系，这种联系体现在科学知识本身的逻辑关系以及人类认识科学知识的序列之中。只有采用有利于学生学习的知识结构，才能提升学生的学习效率，进而利于学生把握学科核心知识，提升核心能力，形成学科核心素养。对于学科结构，可以从静态和动态两个角度来理解。

从静态的角度而言，学科知识之间倘若形成经纬交织、融会贯通的网络，就可以帮助学生在头脑中将知识"竖成线，横成片"，或"由点构成线，由线构成面"，从而形成由点、线、面筑成的立体式的整体知识结构网络。这就如同在学生的头脑中形成思维导图的架构，有利于学生记忆，让学习变得容易。从动态的角度而言，学科知识结构的形成构成了一个自我再生力强的开放系统，可以充分挖掘出学科知识结构的特点，发现其区别于科学知识结构的特有的功能。如此一来，就可以让学科知识之间前后内容互相蕴含、自然推演，在思想上为学生提供一个由已知到未知的通路，进而有利于学生形成一个具有生命力的处于运动中的思维网络，使之深刻领会各个概念的实质，掌握蕴含在各个概念相互关系中的各种推理思维模式。

总之，学科结构强调的是学科知识的整体联系性，正是由于所有的知识均处于联系之中，而且都有与其相联系的知识，我们才能理解其产生及意义。教师借助这种呈现方式，可以让知识在学生的头脑中变得生动形象，进而让学生的知识学习超越规定的教学内容，把学生带到更深远的知识海洋中。

（二）清楚学科教学的要求

肖川教授认为，从学科的角度来讲，要为素养而教（用学科教人），为学生素养服务，而不是为学科而教，把教学局限于狭隘的学科本位中，过分地注重本学科的知识与内容、任务和要求，因为这样十分不利于培养视野开阔、才思敏捷并具有丰富文化素养和哲学气质的人才。❶因此，学科核心素养的培养对学科教学提出了明确的要求。

---

❶　余文森：《核心素养的教学意义及其培育》，今日教育，2016（3）：11-14。

1. 明确学科素养价值

任何学科的教学都不仅是为了获得学科的若干知识、技能和能力，同时还要指向人的精神、思想情感、思维方式、生活方式和价值观的生成与提升。因此，学科教学要有文化意义、思维意义、价值意义，即人的意义；要注意体现学科素养的价值。

学科素养价值是课程学习的基础和根本，具有即时性以及稳定性，属于学科技能和知识的显性体现。在开展学科课程教学时，教师需要通过科学的方法，结合自身的经验阅历和知识基础，通过探究式以及推理式的方式，对学科素养进行挖掘，完成对学科核心素养的扩充。明确学科素养价值的基础是厘清价值组成要素，由于不同学科的价值组成要素存在差异，教师需要对学科进行深入研究才能有效区别。从学科整体的角度分析，文科类的素养价值相对模糊，而理科类的素养价值则比较清晰。比如，语文学科素养价值尽管在课程方面具有较为清晰的界定，但是在相当多的方面还需要充实和细化；而生物、化学、物理、地理等学科的素养价值更加清晰，厘清学段的内容与要求即可。

2. 做到学科之间有效整合

所有学科均以培养学生的核心素养为重任，但是在具体培养方面的侧重点不同。比如，就社会责任这一核心素养而言，语文学科可以借助教材中的先进人物事迹来培养学生的社会责任，思想政治学科可以借助道德以及政治知识来培养学生的社会责任。虽然各个学科的侧重点存在区别，但是它们具有一定的共同性，这种共同性能够让学科之间实现有效整合，从而让学科核心素养的培养在体现学科特点的同时，将教学内容具体化、形象化。

二、学科核心素养培养的着手点

学科核心素养的培养实际上是解决教学实践中"怎么教"的问题。作为上连共同核心素养、下接学科教学的转换机制，学科核心素养的培养需要依托课程、引领实践。因此，学科核心素养的培养要打破学科之间与各核心素养之间相互分割的思维方式，从整体上把握，从而让各学科教学既凸显出学科本质，又彰显出学科独特的育人价值；既体现不同学科的共同核心素养，又能够与相关学科建立相互补充、相互关联的"学科群"。

从图4-2中可以看出，学科核心素养通过与课程（群）标准建立内在关联，通过外显表现建立学业评价标准，并贯彻到课程（群）设置、教学目标、教学建议以及学生学习等具体操作层面，使学科课程指向学科核心素养，与学科核心素养间建立实质关联，从而使学科核心素养在理论与实践间建立起可操作、可评价的桥梁，使其在学科教学中"落地"。具体来说，培养学科核心素养可以从以下几方面着手。

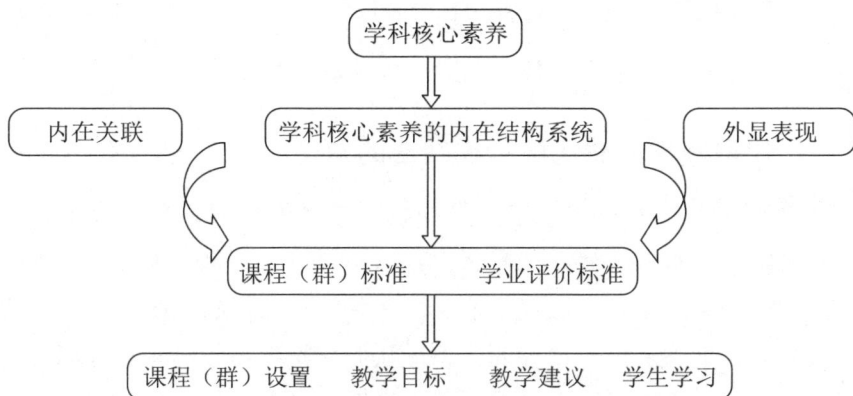

图4-2 学科核心素养的培养过程

（一）加强学科教学的实践性

学科教学要想体现对学生学科核心素养的培养，就要注意教学与实践之间的联系，注意学科教学与学生当下生活、未来理想之间的联系，让学生认识到学科核心素养与个人发展之间的关系。

（二）让学科核心素养的培养在现实中立足

学科核心素养的培养要在现实中立足。也就是说，无论是教育研究者，还是教育工作者，都要走进现实社会，和学生、家长、社会各界充分交流，在现实中寻找学科核心素养培养的立足点。同时，大、中、小各学段的教育工作者要不断进行协调沟通，依据学生发展的特点，明确各学科核心素养在各学业阶段的教学目标和评价体系，并在此基础上安排教学资源，指导教学实践。

（三）让学科教学立足人的发展

学科核心素养的培养要体现"以人为本"的教育精神，要立足于人的发展。为此，核心素养的培养要注意体现学科"少而精"这一必备品格，要注意各学科素养的培养规律和迁移规律，要将其与学科教育融合在一起，针对学科教学与学习个体，寻找其自我发展和互动规律，进而让学科核心素养在教学中落到实处。

三、学科核心素养的培养方法

要想培养学科核心素养，就要应用一些科学的方法。

（一）知识教学与文化教学相结合的方法

知识教学与文化教学相结合，是实现知识迁移和知识创新的必备前提。文化教育是知识教育的拓展，将教育内容从知识扩大到整个文化，强调的不仅是让学生学习静态的知识，还包括使学生受到学科文化的全面熏陶，包括对创造知识的源泉、动态的历史过程的认识，从而使学生形成科学的理想、信念、精神、价值观和人生观，学会读书、学会做人。在此过程中，教师不仅是知识的传授者，更是文化的传播者，其职责不仅是教书，更是育人。教师要正确认识知识与文化的关系，清楚教育是以知识教育为核心的文化教育，知识本身兼有科学与人文两重性，教育理应是以知识教育为核心的文化教育；相应地，在教学时就要围绕基础知识的教学展示知识的文化内核，强调创造科学知识的人的作用，正视知识发展的历史烙印和真理的相对性，突出知识的文化性、精神性，注重培养学生的怀疑精神、批判意识和创新能力。

为此，教师要明确学科核心素养的本源是知识。对于学生而言，基础知识的理解和基本技能的形成是学科核心素养生成的前提和条件，是学科核心素养的一级水平，是知识理解水平（与"双基层"对应）；学科核心素养的二级水平是知识迁移水平（与"问题解决"对应），是指学生把理解的知识、形成的基本技能迁移到不同的情境中去，促进新知识的学习或解决不同情境中的问题；学科核心素养的三级水平为知识创新水平（与"学科思维"对应），是指学生能够生成超越教材规定内容的知识，提出和发现新的问题，形成学科思维。依据这种界定，知识理解、知识迁移、知识创新就是发展学生学科核心素养的三级教学目标。教师在备课时，要注意体现学科教学目标的层次性，将知识教学与文化教学结合起来。

（二）结果性知识与过程性知识相结合

知识性教学重视结果性知识的传授，忽视了过程性知识的传授，导致学生死读书、读死书。因此，教师要想在学科教学中培养学生的学科核心素养，就要注意将结果性知识与过程性知识的传授结合起来。知识的教学强调学习即接受，在这样的教学情境下，学生仅为旁观者，无法融入知识的发现过程，成为被动的知识接受者，而非参与者。事实上，能够体现知识创造者的精神和智慧都浸透在知识的形成阶段，而非最终的结果中。学生倘若一味地进行知识结果的学习，就会失去思考能力，无法体验创新过程，更无法提高自身的创新能力。因此，教师要摒弃单纯的知识结果教学模式，将知识的产生和发展过程嵌入教学过程，让过程与结果相互整合、相得益彰。为此，教师在备课时，要注意采用"由因导果"或"执果索因"的思路，即从原因出发产生结果或找出产生结果的原因，引导学生体验创新；教师在进行教学设计时，要注意创设恰当的问题情境，提出观察的问题，从而将知识结果教学与知识形成教学相结合，实现知识迁移和知识创新。

（三）学科性知识与实践性知识相结合

学科性知识是指某一学科内部的知识；实践性知识是指与该学科知识相关的其他学科知识或与该学科相关的现实生产生活知识。传统的知识理解教学主要是针对学科性知识展开的，很少涉足甚至完全抛弃了实践性知识，学习的内容主要是依据学科体系完整性、逻辑性、实证性来拟定，教学主要围绕学科知识体系开展，把学科以外的知识排斥在外。这种教学模式具有片面性，不能培养学生的实践能力。核心素养导向下的学科教学，要求将实践性知识纳入教学，因此教师在备课时就要走出学科性知识教学的围栏，让实践性知识融入教学过程，使学科性知识与实践性知识相互渗透、共同作用。为此，教师在备课时，在教学方法的设计上，要注意揭示知识的现实背景或与该知识相关的其他学科知识的背景相结合，强调知识的应用，设计出构建知识应用的真实场景；在设计学习活动时要以建立学习共同体，营造相互合作、交流、协商的学习环境为主。

（四）外显性知识与内隐性知识相结合

内隐性知识是指不以文本形式显性表述的，潜藏于外显性知识深层的隐性知识，包括知识的文化元素、知识的过程元素、知识的逻辑元素、知识的背景元素等。内隐性知识是一种客观存在的知识，处于外显性知识包裹之中。核心素养导向下的学科教学要求教师在备课时要更多地体现内隐性的教学元素，即开发和利用内隐性课程资源，将外显性知识与内隐性知识相结合，从而实现知识迁移和知识创新。为此，教师在进行教学设计时，首先要揭示知识的学科文化元素；其次要揭示渗透在知识中的逻辑和背景知识；最后要让学生产生过程性体验，包括对知识产生的体验、对知识生长的体验、对知识结果的体验、对知识应用的体验。需要注意的是，形式逻辑知识是在学习知识的过程中潜移默化地习得的，学生在学习过程中可能会出现容易理解知识而难以理解逻辑的情况。因此，教师在备课时，要注意寻找能够突破逻辑难点的教学策略。此外，教学中的概念和规则往往都有现实的原型，教师在备课时可以借助知识背景，构建恰当的能够帮助学生理解知识的情境。

（五）证实性知识与证伪性知识相结合

教学是一种由知识的不确定性到知识的确定性的渐进过程。其中，知识的不确定性阶段是提出问题和判断问题阶段，证伪在这一阶段扮演着重要角色；知识的确定性阶段则是对知识的确认阶段，证实在这一阶段发挥着重要作用。实际上，由证伪到证实再到求是这种去伪存真的做法就是人们认识知识、积累知识的思维模式。教师在备课时，要考虑到不切断这一完整过程，要抛弃对不确定性知识的判断，让课程与教学回到人类认识世界、尊重世界、改造世界的思维逻辑轨迹上来。为此，教师在课程设计和教材选择方面，要改变由客观的、普遍的、中立的知识观支配的科学课程，将科学哲学、科学史、科学与社会等体现科学人文精神的题材渗透其中；要注意开发本土课程，选择和传承具有我国本土特色的人文课程体系，进而构建本土知识体系的价值观念；要改变确定性知识"一统天下"的局面，将一些需要学生做出判断的不确定性知识渗入其中，再引导学生根据对不确定性知识的辨析理解掌握确定性知识。同时，对于教学过程和方法的设计，要注意无论是新课的引入还是利用知识解决问题，都要提倡根据不同的知识类型适时地采用"证实—求是""证伪—求不是""证伪—证实—求是"等多种模式。

第三节　学科核心素养指导下的课堂教学转型

一、基于语文学科核心素养培养的课堂教学转型

特级教师窦桂梅认为，课堂是一个值得好好经营的地方，是人生修炼的道场。课堂就是一本人生的大书，赢在课堂，就是赢得人生。因此，在学科核心素养导向下，语文学科的课堂教学要注意转型，以更好地达到培养学生学科核心素养的目的。

（一）教学目标转型

在语文学科核心素养提出之前，语文学科的教学目标包括知识与能力目标、过程与方法目标、情感态度与价值观目标这三维目标。这些目标的提出，使对学生的培养更加科学，也让语文教学不仅是教语文，还体现了语文的育人功能。在语文学科核心素养提出后，语文学科的教学目标进一步体现了以人为本的发展理念。那么，在语文学科核心素养培养的要求下，语文学科教学目标的设计就要体现出以下几方面的转型。

1. 要以学生为中心

教师要认识到学生是学习活动的主体，是进行学习的人。因此，在设计教学目标时，教师除了要引导学生学习知识，找到科学的学习方法，还要注意引导学生理解知识，明确学生需要怎样的知识。为此，在设计教学目标时，教师要以学生为中心，体现学生学习的主动性和自主性，充分发挥学生的主体作用，注重学生的"学"，达到有教有学。

2. 要以未来为方向

核心素养的发展是学生能力的一种终身性的发展，因此语文学科的教学目

标也要以未来为方向，即以学生的未来和社会的未来为设计方向。这就要求目标要多元、具体，要明确学生需要哪些核心素养，要具有可操作性，能在教学过程中实施完成，并且能够提高学生的某种素养。除此之外，教学目标的设计也要注意体现社会未来的需要，因为学生是社会的人，其发展在某种程度上也是社会的发展，所以教师在设计教学目标时要站在未来社会的角度，思考社会需要怎样的人。

3. 要以参与社会为目的

培养学生的终极目标是让学生成为全面发展的人，这也是语文学科核心素养的培养要求。全面发展的人是具有较高的社会参与度，可以积极智慧地处理好个体与群体、社会与国家间关系的人。为了提高学生的社会参与度和社会参与能力，语文学科教学目标的设计要重点强调学生的社会责任感、国家认同感，以提高学生的理解能力，培养学生的劳动意识和思维，提高学生的问题解决能力、实践能力以及知识技术的运用能力。

除此之外，在设计语文学科教学目标时，教师还要注意考虑所设计的教学目标是否与实际教学内容、学生的认知水平、心理特征等相吻合，是否具有可操作性，是否符合学生的内在学习需求，是否适合学生已有的思维结构和能力层次，能否在课堂教学中得到有效贯彻与落实等。

（二）教学内容转型

基于语文学科核心素养培养的语文教学需要打破教材、学科、教室、课堂和学校的限制，改变以学科知识体系构建为中心的现状，把知识作为解决问题的工具。在教学内容的安排上，应以现实问题为导向，提高学生在语文学习过程中参与当代文化生活的广度和深度，提升学生运用语文知识解决问题的能力，促进学生的全面发展；要打破当前教材、课堂的自足性和封闭性，突出开放性，从多角度审视范文系统，以培养学生的发散性思维、创造性思维以及多维审美鉴赏能力。为此，语文学科教学内容要实现以下几方面的转型。

1. 实现学科内拓展，开展学科间拓展

学科内拓展是指教学内容要打破固定的单元区间，整合现代选文，按主题、题材、文体进行多元整合，对隶属不同单元的现代选文进行整体阅读、对

比阅读。开展学科间拓展是指打破语文教材的封闭性，使语文学科知识体系与历史学科、政治学科、数学学科、物理学科、化学学科等学科知识进行融通，在跨学科知识语境下开展综合性学习，从而扩大学生的视野，提高学生的思维水平和进行复杂思考的能力。

2. 打破课堂的自足性，实现课堂向生活的拓展

语文学科核心素养包括丰富的语言实践内容，与学生的学习生活紧密相连。培养语文学科核心素养，需要学生了解社会生活，参与社会生活，在社会生活的具体情境中培养运用语言知识的能力。为此，教师可以把课堂学习交流与课下合作学习、自主学习结合起来，把学校学习与家庭家风教育、社会实践结合起来，注重语文知识的迁移运用，培养学生的创新精神、实践能力和社会责任感。

3. 引导文化内容参与

当前，语文观发生了重大变化，人们已经普遍认识到教材的局限性。因此，语文学科核心素养培养下的教学内容转型，还要注意弱化语文学科知识体系，重构语文知识，对教学内容进行重新整合；要结合学生的年龄特点、知识结构和思维水平，使学生掌握参与当代文化的基本方法，自觉抵制各种庸俗、落后、反动的文化，把握先进文化导向，树立中国文化自信。

（1）组建学习共同体

学习共同体是在特定的时间和空间范围内，根据大致相同或相近的兴趣爱好自由组织，采取特定的学习、研究或讨论方法，开展学习活动的团体组织。学习共同体可以是读书会、文学社团、志愿服务队、读书沙龙等团体，能够引导学生参与当代文化生活，形成合力，开展合作探究，促进学生对当代文化现象的理解。

（2）剖析文化热点

培养语文学科核心素养，需要学生在参与当代文化的过程中瞄准文化热点，介入当代文化热点的讨论，积极参与到当代社会主义文化建设中来。对此，教师首先要善于发现问题，准确把握当前文化生活热点，特别是与青少年健康成长有关的问题，从而引导学生结合社会热点，鼓励学生畅所欲言，让课堂与时代密切相连，语言与文化有机结合，丰富教学内容。其次教师要善于利

用资源，如图书馆、网络资源、革命纪念馆、博物馆、名胜古迹等，引导学生学会收集、整理资料，去粗取精，去伪存真。最后教师要引导学生学会调查研究，针对特定的文化热点问题展开调查，培养学生的语文学科核心素养。

（3）聚焦文化自信

语文学科核心素养内涵的重要一维即文化的认同与理解。在尊重、包容异质文化的同时，必须深刻认同中国文化，理解中国文化的精髓，从而建立中国文化自信。为此，语文学科的教学内容要注意体现对中国优秀传统文化的引导。教师可以在现代选文的教学过程中，以背景知识介绍、专题讲座学习共同体等形式给予学生引导，教会学生正确对待中国传统文化，初步引导学生进行比较阅读，学会分析中国文化的精华与糟粕，做到在继承中有扬弃，在扬弃中有继承，使学生感受中国文化的优越性，树立中国文化自信，增强对中国文化的认同感。

（三）教学方式转型

语文学科核心素养是促进学生发展的基本素养，因此在语文教学中，教师要以学生语文学科核心素养的形成与发展为目标导向，关注学生的语言学习与积累，强化语言的迁移与运用，转变传统的教学方式，促进学生学习能力的形成与发展。

1. 由封闭转为开放

培养语文学科核心素养，要打破教材、课堂、手段的种种限制，在开放的教学环境中培养学生的各种技能和品质。为此，首先要将教学方式由封闭转为开放。具体来说，要从教学思维的开放、教学手段的开放和教学方法的开放三个方面入手。

（1）思维要开放

教学思维是影响教学过程、教学效果的重要因素。培养语文学科核心素养，要求教师改变既定的以知识建构为中心的语文教学思想，树立以发展学生核心素养为目的的教学思想，打破语文学科知识体系的封闭性、语文学科的自足性和语文学科教学的单向传输性，形成开放性的教学思维。

（2）手段要开放

手段的开放是指语文学科核心素养导向下的语文教学要在传统教学手段

的基础上，采用先进的教学手段，充分运用现代教育技术，借鉴大数据、云计算等最新科技成果，推进"互联网＋语文课堂"的深度整合。不过，教师在选择教学手段时要注意三个方面：一是应根据教学目标、教学对象和教学内容有针对性地选择教学手段，注重教学内容的形象、直观，拓展教学资源；二是在具体教学中，教学手段要富有变化；三是要认识到教学手段只有服务于教学目标，才能服务于发展学生的语文学科核心素养，培养学生运用语文知识解决实际问题的能力，提升学生的创造性、批判性思维品质，促进学生语言审美能力与创造能力的提高。

（3）方法要开放

教学方法是教师和学生为了实现共同的教学目标，完成共同的教学任务，在教学过程中运用的方式与手段的总称。新课程改革呼唤着教学方式的变革，教学方式的变革期待着教师改变传统的封闭型教学方式，实行开放式教学。教学方法的开放会带来以下变化：

第一，开放师生关系，使教学气氛民主化；

第二，开放教学过程，使学生各有所得；

第三，开放教学评价，调动学生创新的积极性；

第四，开放探索空间，让学生在探索的过程中形成分析问题和解决问题的能力。

教学方法的开放不仅意味着教学不再局限于课堂，还意味着学习空间的开放，即学生可以走出教室、走向社会，参加丰富多彩的课外活动与实践活动，开阔视野，在感受新知的过程中，根据已有的语文知识去发现、思考、探索，从而解决问题。

2. 由统一转为个性

语文学科核心素养的目标是培养个体在复杂情境下健康发展的能力，使个体具备关键品质和核心技能，能够通过开展合作解决现实问题。语文学科核心素养重视学生的个性化发展，因此教学方式要向个性化转型。这里的个性化是指在教学过程中，教师要以了解和尊重学生的个体差异为前提，以最大限度地提高每个学生的能力为目标，以充分调动学生的学习自主性为方式，以灵活多样的教学形式为依托。具体来说，教学方式的个性化体现在以下几个方面。

（1）情感个性化

培养语文学科核心素养的根本目的在于立德树人，以人的发展为中心，促进学生的全面发展和个性发展。教师在培养语文学科核心素养时，要从学生的感性入手。学生因兴趣、爱好、动机、意志、需要、信念不同，感性的表现形式、方法和程度也有所区别。因此，教师要因材施教，发现学生的情感特点，因势利导，促进学生全面发展。教师要尊重学生在学习现代选文过程中产生的独特情感体验，不能简单地对学生的各种感性、感悟、感想进行是非裁决，更不能进行高下价值判断，而是要鼓励学生的质疑精神和反思能力，培养学生独立思考的能力。

（2）过程的个性化

语文学科核心素养实现了由语言知识的学习向语用实践的转变，在现实问题导向下，学生学习的过程就是面对语文学科现代选文中的各种问题进行探索的过程。学生提升能力和素养的过程是学习的过程，而学习的过程要依赖于学生主体的动机、兴趣、知识水平能力、品质。因此，教师要在教学过程中，引导学生充分利用教学资源进行合作交流，并在此过程中自主选择学习共同体，与家长、老师、同学分别组成研究小组，探讨解决问题的方法。

（四）学生评价转型

学生评价是教学活动的重要环节，其目的是改进教学，实现教学目的。语文学科核心素养重视语言知识的运用、语言的审美与创造、文化的认同与理解，注重学生的全面发展和终身发展。由于教学目标发生了变化，教学评价策略也必然要进行相应的调整。

1. 由正式评价转变为非正式评价

非正式评价是指教师以促进学生发展的基本理念为前导，在语文学科实际课堂教学情境中，通过言语行为和非言语行为，依据学生在语文课堂中的各种行为和意向，随时随地对学生做出的不受规范程序、单一标准、固定方式、特定情境束缚的评判与建议。非正式评价是一种随机随意的评价方式，可以让教师在教学过程中抓住学生思想情感、情绪态度、意志品质等心理素质的外在表现，给予学生肯定或否定的评价，并给予学生适时反馈和价值判断。

一般来说，非正式评价包括教师的言语评价和非言语评价。无论是哪种方式，都可以在对学生群体的共同表现进行集体评价的同时针对个别学生做出个别评价。在语文学科核心素养导向下，教师要注意从认知、情感、兴趣和价值观等多方面对学生进行激励、引导，尊重学生知识、技能、态度、情感上的多元和差异性，树立有差异的平等观，使用有差异的非正式评价，以不同的标准对待学生，帮助学生在全面发展的基础上实现个性发展、终身发展。

2. 由定性评价转为表现性评价

语文学科核心素养实现了由语言知识向语言运用的转变，强调学生在实际情境中运用已习得的语言知识，进行语言的审美与创造，体现文化认同与理解的能力。因此，教师要认识到，既定的终结性评价方式与学生在生活情境中的实际表现之间有较大距离，难以满足培养学生语文学科核心素养的需要，需要转变为表现性评价。

表现性评价是指在特定的情境中，运用已有的知识和能力解决问题或创造作品，以评判学生的知识与技能水平、逻辑思维以及实践操作和人际交往等能力。它因多样性、开放性、过程性深度契合语文学科的综合性、实践性，可以实时评估学生的语文学科核心素养。

教师在教学过程中，可以通过学生的言语、表情和动作等外在行为表现，了解学生的语文思维、情感态度、价值观念，从而进行准确的价值判断，借助明确的评价标准和及时反馈，调动学生学习语文学科的兴趣，指导学生完成具体任务。学生在高质量完成任务的过程中，可以根据教师的评价，利用习得的知识、思维方式，抓住表现机会，有效调节自己的行为，实现知识和意义的建构，最终提升自身的素养。

3. 成长记录评价

成长记录是一种注重过程的发展性评价方式，其过程性评价、发展性评价的内在特征与培养语文学科核心素养深度契合。在语文学科核心素养导向下利用成长记录评价，可以记录学生的学习过程，帮助教师了解学生在某一段时间的优势和不足，判断学生的知识、能力和核心素养发展情况，并进行及时反馈。课外阅读记录卡是成长记录评价方法的经典运用。

学生评价方法多样，教师可以根据学科特征、教学对象、教学内容采取有针对性的方式方法，科学地评估学生的知识掌握情况、语言能力、语用水平以及思维方式、情感态度和价值取向，全面评价学生的能力水平，达到培养语文学科核心素养的目标。

二、基于数学学科核心素养培养的课堂教学转型

基于数学学科核心素养培养的教学是以人为本的教学，它把学生看作一个独特的生命体，关注学生的健康成长，关注学生在学习知识的过程中思维方式的提升、情感态度价值观的丰富、人生观世界观的形成。因此，基于数学学科核心素养培养的数学教学要顺应社会发展的需求进行转型。把握数学课堂教学转型的关键，明确课堂教学转型的方法，对于科学组织数学课堂教学活动，培养学生的数学学科核心素养而言相当重要。

（一）课堂教学转型的关键

发展学生数学学科核心素养已经成为共识，但要想让这种教育共识落地，就要促使原本培养学生"双基"和"三维目标"的课堂教学向培养学生核心素养的课堂教学转型。而要想保证这种转型的成功，就要注意把握课堂教学转型的关键。

1. 突出数学体验

不同学科的核心素养具有不同的特性，数学学科的数学思想方法、模型构建具有数学学科的特点。数学思想方法具有可操作性，反映了数学的某些思想，所以数学课堂的教学转型就要让学生动脑、动手、动口，体验数学思维的形成，在体验的过程中保证思维的正确性，进而发展学生的多种数学思维。教师要认识到，学生的技能和完成任务的策略，并非依赖于教师的讲解和演示形成，而是在自我探索和操作中获得的。为此，教师要在教学过程中设置适当的活动和任务，让学生投入真实的情境，让学生在动手操作的实践中学习数学知识、掌握数学思维方法，培养学生对数学的积极态度。因此，在教学中，教师要注意强调学生的主动学习和动手实践，让学生形成良好的学习、思维习惯，提倡学生之间的合作交流，让学生之间共享资源，取长补短。

2. 突出深度学习

简单地说，深度学习是指学生能沉浸在学习的氛围之中，就某一问题展开

深入的探究和持续的思考，并有豁然开朗的巅峰体验。要想突出深度学习，在课堂教学中，教师要注意科学分配一节课的时间。

（二）课堂教学转型的方法

基于数学学科核心素养的课堂教学要更新观念，将"生为本"的理念与教学实际有机结合。

1. 整体把握数学课程，突出主题（单元）教学

基于数学学科核心素养培养的数学课堂教学的基础是整体理解数学课程。数学课程是一个有机整体，因此要整体理解数学课程的性质与理念，整体掌握数学课程目标，整体感悟数学核心素养，整体认识数学课程的内容结构、主线、主题、关键概念、定理、模型、思想方法、应用、整体设计与实施教学。在这一过程中，学生会不断感悟、理解抽象、推理、运算、直观的作用，得到新的数学模型，改进自身的思维方式，扩大知识的应用范围，提升自身的核心能力。

基于数学学科核心素养培养的数学课堂教学，要求教师能从教学中跳出，以"主题（单元）"为教学的基本思考对象。对此，教师可以以"章"为单元，如可以将"三角函数"作为教学设计单元，也可以以"距离"或"几何度量关系：距离角度"等数学中的重要主题为教学设计单元，还可以以"模型与待定系数"等数学中的通性通法为单元。

整体把握数学课程，突出主题（单元）教学是深度学习的核心，是深度学习的抓手，也是整体把握数学课程的抓手，可突出数学学科核心素养培养的本质，促进教学方式多样化，把"教"与"学"结合起来，促进学生自主学习；有助于提高数学教师的专业水平（数学、教育教学理论、实践），使教师创造性地使用教材教数学。

2. 抓住数学本质，体现问题引领

数学家华罗庚反复强调，既能把书"读厚"，又能把书"读薄"。"读薄"是指抓住本质，抓住重点，更好地理解和提升数学核心素养。为此，在数学学科核心素养导向下，数学课堂教学的重点应在于借助问题引领，在发现、提出问题和分析解决问题的过程中培养学生的数理概念，提升学生的数学学科

核心素养。

3. 创设合适情境，加强"会学"指导

创设合适情境是基于数学学科核心素养培养的数学课堂教学的另一关注点。首先，要对"情境需要"产生全面的认识，包括实际情境、科学情境、数学情境、历史情境等方面。情境选择的基本原则是便于学生理解学习内容和要完成的任务，循序渐进，激发学生的兴趣和热情。

三、基于英语学科核心素养培养的课堂教学转型

基于英语学科核心素养培养的英语课堂教学不仅强调学生英语应试能力的培养和英语语言交际能力的提升，还强调对学生的英语思维品质、文化意识和学习能力给予更多的关注。正因如此，迫切需要对以往的以应试为导向的教学模式进行变革和创新。对此，英语教师要积极推进传统英语课堂的转型，在教学设计上更具创新意识，促进学生英语综合素质的均衡性发展。

（一）拓展资源，开阔视野

在明确基于英语学科核心素养培养的英语课堂教育目标后，教师就要注意在实际教学中以这些目标为导向来设计教学方案。为此，教师要学会有效运用多种教学资源，创设良好的学习情境，以丰富学生对英语语言文化知识的积累，开阔学生的视野，激发学生的学习兴趣，并使这种兴趣贯穿整个教学活动始终。因此，教师要从多角度入手拓展资源，开阔学生的视野。了解所学语言的文化背景是学好一门外语的必要因素，只有了解了各个国家之间的文化差异，理解和尊重所学语言国家的文化和风俗习惯，才能更好地达到使不同国家进行信息交流、互相了解的目的。

1. 从细节入手，引导比较

教师可以从细节出发，帮助学生逐步理解文化的差异。例如，西方人在聊天时会习惯性地谈论天气，而不是年纪或者吃饭与否；西方人称赞、道歉、感谢的方式也与中国人不同。教师可以引导学生对比国内外节假日的不同，学习不同国家的文化，如国外特有的圣诞节、感恩节、复活节等都是非常好的文化素材。对此进行适当的补充扩展，能够帮助学生了解更多的国外文化。

2. 加深阅读，促进理解

教师可以充分利用课本的阅读写作章节以及故事章节。这些章节涉及很多国内外的文化差异，学生在对本单元内容有了充分的了解之后再学习这些文化，能够更好地理解所学的知识点。

（二）利用灵活的教学手段使课堂变"活"

在英语课堂教学过程中，教师要通过灵活的教学手段，使课堂氛围变得活跃，让学生在活动中把学到的知识运用到实际中，将知识转化为自己的能力。要想达到这一目的，教师需要在课堂上创设形式多样的活动，培养学生的语言运用能力。

1. 巧用多媒体，促进能力发展

在英语教学中，教师应合理、适时地使用各种媒介创设英语学习情境，使学生通过视听感知英语语言素材，在提高视听能力的同时充分发挥主体性和创造性，进行听、说、读、写综合训练，从而在获得英语基础知识的同时训练语言基本技能。

2. 兴趣主导，打造灵动课堂

受应试教育体制的长期影响，有相当多的英语教师迫于应试的教学压力，习惯采用填鸭式、灌输式的教学方法。这种教学方法使学生处于学习的被动地位，影响了学生积极性和创造性的发挥，教学效果也大打折扣，学生英语学科素养的培养更是无从谈起。对此，英语教师要依据学生的不同年龄特点，抓住其思想和行为特征，改变传统的教学方法，以寻求兴趣为突破口，努力营造一个充满活力和吸引力的课堂环境，打造灵动的课堂。

语言能力是英语的关键能力之一，因此教师在教学中要注意尊重语言的双向性，鼓励学生进行交流。比如，教师可以使用恰当的课堂用语在无形中创设一种语言学习环境，让学生真实地感受如何用语言进行交际，体会语言交际的趣味性和意义性；教师可以鼓励学生多开口交流，消除其学习英语口语的胆怯情绪，帮助其树立用英语交流的自信心，提高其口语交际能力；教师还可以在课堂教学中创设有利于口语交流的情境，延伸课堂教学，如根据课本提供的场景，设计一些比较实用的场景，让学生多接触不同场景中的口语交流方式，鼓励学生参与创造性的交流活动，激发学生的交流热情，培养学生的交流兴趣。

（三）融入核心素养，开发学习潜能，提升能力

学生的学习能力主要包括对学习任务的主动学习、灵活调适，围绕学习目标的自我提升以及个人品质的打造等。学习能力是新时期实现英语终身学习、个人全面发展的重要保障，因此教师要努力开发学生的学习潜能，包括创新意识、主动学习意识和创新精神的开发等，提升学生的能力，让学生在浓厚的学习兴趣中自觉提升英语综合应用能力。由于学生英语学习能力的提升并非一日之功，教师要多动脑筋，综合学科特点和教学内容来提高学生的英语学习能力。

1. 因材施教，提高学生的自主学习能力

教师在教学中，要依据学生自身特点，做到因材施教，引导学生自主学习，让学生从学习中体会满足感，提升学习的兴趣，发展学生的自主学习能力。此外，在课堂教学过程中，教师可以通过各种教学活动，培养和激发学生对于英语学习的兴趣，帮助学生形成良好的学习习惯，建立有效的学习策略，培养学生的自学能力、合作意识以及创新精神，从而提高学生的综合语言运用能力。

2. 培养良好阅读习惯，强化语言能力

英语阅读可以提升学生的词汇量，丰富学生的语句积累，开阔学生的视野，锻炼学生的专注力。当然，学生的英语核心素养并非一朝一夕可以形成的，因此教师要不断努力学习，将核心素养的理念渗透至课堂中，在完成教学任务的同时培养学生的学科素养、文化底蕴，让课堂充满活力，让学生爱上英语学习，让英语学科核心素养的培养落到实处。

3. 训练学生的英语思维能力

在当下的英语教学中，培养学生的英语思维能力极其重要。英语思维能力是指在使用英语进行理解和表达时用英语思考，而并非先用母语理解再进行思维的转化。为此，教师要采取多种手段，结合学生的认知能力和发展特点，训练学生的英语思维能力。

（四）灵活评价，培养必备品格

学生必备品格的培养也是一项重要的内容，而评价对于学生必备品格的培

养具有重要的作用。

1. 成果展示，提升信心

教师在教学中应注意展示学生的学习成果，以激励的方式为主对学生进行评价，让学生意识到每个人的思维都是独一无二的，从而让学生能放心大胆地发表自己的见解，将自己的所思所想一一呈现出来，激发学生自主学习的积极性，提高学生学习的自信心。

2. 科学奖评，满足成就感

教师要设置科学的自主学习奖评机制，让学生在自主学习中有成就感和满足感，体会自主学习的快乐。教师可以结合学生的特点和实际情况，建立一套有效、长效、高效的评价激励机制，根据学生完成任务的情况给予学生不同程度的奖励，极大地激发学生对于自主学习的热情，从而促进学生全面、持续、和谐地发展。

四、基于自然学科核心素养培养的课堂教学转型

传统的自然学科课堂教学注重对知识的传授，忽视了对学生技能的培养和人文素养的提升。基于自然学科核心素养培养的自然课堂教学必须转型，要依据学科特点，以自然学科核心素养的培养为目标，灵活改变课堂教学方式。

（一）物理课堂教学转型的要求

基于物理学科核心素养的物理课堂教学必须注重教育观念的转型，即从"物理教学"走向"物理教育"；课程内容的转型，即从"学术形态"走向"教育形态"；教学方式的转型，即从"知识重现"走向"知识重演"。

1. 教育观念转型

物理课堂教学要转型，首先就要转变教育观念，变"物理教学"为"物理教育"，即从将物理教学当作手段的教育观念，转变为将物理教学当作根本目的的教育理念。物理课堂教学的最终目的，是让学生在生活中探索、领悟、学习物理规律，最终应用于生活、服务于社会。为此，教师一定要重视学生在生活中的实际应用能力的培养，挖掘出生活中的物理，并将其转化为物理课堂教育的理论，使学生能从生活走向物理，从物理走向社会。

2. 课程内容转型

课程内容转型是指从"学术形态"的课程学习转变为"教育形态"的课程学习。换言之，就是教师在设计教学内容时，要充分体现物理学科的育人功能，使物理教学由知识学术形态深入教育形态，变"狭义备课"为"广义备课"，将备课标准从单纯的以学科知识体系为依据转向以培育物理学科核心素养为依据。

3. 教学方式转型

教学方式转型是指物理教学方式从过去的"知识重现"转变为"知识重演"，即让学生重演物理知识的发生过程，在教师的指导下介绍并感受物理知识发生的原因、物理知识形成的过程以及物理知识发展的方向，并借此培养学生的物理学科核心素养。

（二）化学课堂教学转型的策略

基于化学学科核心素养培养的化学课堂教学为了实现对学生化学学科核心素养的培养，需要进行相应的转型，改变传统的化学课堂教学方式，重视对学生化学学科核心素养的培养，进而提升学生的综合素质。为此，教师要改变在传统化学课堂中的权威地位，运用科学的教学策略，让自己成为教学的组织者和指导者，让学生成为课堂教学的主体，充分发挥学生的作用，为学生创造在课堂中进行探究的机会。

1. 创新化学实验教学模式

化学实验教学是化学教学中的关键一环。教师在开展实验教学时，要立足教材，高于教材，借用多媒体且不依赖多媒体，注重增强实验的生活化、趣味性；选择实验时要针对学生的年龄特点和教学需要加强实践教学，提高学生的动手操作能力，在提升教学效果的同时培养学生的科学思维。

2. 创新运用小组合作学习模式

教师要在充分整合教材内容的基础上，创新运用小组合作学习模式，让学生在交流讨论的过程中发展主观能动性，培养学生的独立思考能力、合作探究能力以及创造性思维能力。

3. 创设良好的教学情境

在开展化学教学活动时，教师要立足教材，高度整合和利用教材，结合教学的具体知识创设良好的教学情境，在情境教学中渗透社会主义核心价值观、最前沿的化学科研成果、与本章节知识相关的化学家的真实故事等；在教学过程中要注意实现育人目标，引导学生树立正确的世界观、人生观和价值观，从而培养学生的科学精神和社会责任。

（三）生物课堂教学转型

传统的生物课堂教学仅重视学生对核心知识的掌握，而基于生物学科核心素养培养的生物课堂教学要求学生在课堂学习过程中逐渐形成对自己甚至对整个社会具有重要意义的能力或品格。因此，生物学科的教学设计要立足提高学生的思维以及学习能力，同时促进整个生物学科的发展。

1. 丰富学习形式，调动学生的学习热情

只有调动学生的学习热情，激发学生的学习积极性，才能保证学生主动投入生物学习活动，提高学生的生物学核心素养，使生物课堂教学收到较好的学习效果。结合学生的实际情况与教学内容创设教学情境是一种新型的教学方法，教学可以结合教学目标为学生创设丰富多样的学习情境，从而吸引学生的注意力，或者引入多媒体技术为学生呈现多样性的学习方式。

2. 问题设计，发展学生的思维能力

在生物课堂教学中，几乎每节课都会运用到课堂提问的方法。提问设计得具体且针对性强，有利于提升课堂教学效率，有利于培养学生的创新精神、批判性思维等核心素养。因此，教师要精心设计问题，用问题引领学生思考，在教学过程中适时地对学生进行有针对性的提问（如提出富有启发性的问题），有效地引发学生思考，促使学生自主学习或合作学习，从而有效地培养学生的生物学科核心素养，实现生物课程的育人价值。

3. 培养学生自主学习、小组合作完成任务的能力

生物学科核心素养不仅要求学生储备知识，还要求学生增强独立思考、合作交流、展示成果的能力。对此，教师在讲授新课之前，可以把新课的重难点做成学案发给学生，让学生以自学和小组讨论的方式进行预习。自学可以培养学生独立思考和解决问题的能力，使学生在自学时提前掌握部分知识，从而在上课时格外注意自己解决不了的问题；小组学习可以让成员之间取长补短，在

一起梳理知识点，在讨论的过程中加强彼此之间的交流。这种方法既锻炼了学生的自主学习和思维能力，又加强了学生的合作意识。

（四）科学课堂教学转型

科学是研究自然界物质形态、结构、性质等的科学，因此科学课堂教学要突出学科特点，注重引导学生形成可促进个人终身发展、社会发展的品格及能力。为此，教师在科学课堂教学中要注意采用以下策略。

1. 对不同学科的课程加以整合

科学课程融合了不同学科的课程，因此在课堂教学中，教师要注意从学科内容设计的角度出发，发现学科知识之间存在的千丝万缕的联系，从而对不同学科知识进行整合，以便让学生习得完整的知识体系。这样的学科整合不仅丰富了课程资源，而且是一种好的学习工具。通过整合不同学科的知识，教师不仅可以在不知不觉中开发课程资源，而且可以以自身经验向学生传授学习方法，进而引导学生形成新认识与新观念，促使学生形成科学学科核心素养。

2. 对课程内部知识加以整合

一般来说，学校给科学课程分配的教学时间相对较少。因此，为了在有限的时间内教给学生系统完善的知识，留下更多的时间让学生动手操作和观察思考，教师要在保证学生学科体验的基础上，在不影响学生学业成绩的前提下，对课程内知识加以整合，从而不断强化科学学科核心素养的培养，抓住科学学科的本质特征，为学生对相关课程的学习打下良好的基础。

五、基于史地学科核心素养培养的课堂教学转型

重建教育价值是由"学科知识本位"的教学转变为"以人为本"的教学的前提，这就要求史地学科的课堂教学要聚焦于受过相应学科教育的人所应具有的能力、习惯、气质、品格等。正确把握和理解史地学科核心素养的内容，实现史地学科的课堂教学转型，对于培养学生的史地学科核心素养相当重要。

（一）历史学科课堂教学转型

要培养学生的历史学科核心素养，教师不能仅仅要求学生对所学知识进行

简单的知识梳理和强化记忆，还要引导学生深化知识、丰富思维和涵养品质，从以下几个方面入手实现历史学科课堂教学的转型。

1. 培养学生的时空观念

时空观念是历史核心素养的重要内容之一，是指在特定的时间联系和空间联系中对事物进行观察、分析的观念。要想培养学生的时空观念，就要让学生了解世纪、年代、前期、中叶、后期等关于时间的表达方式，识别历史地图，掌握古今地名位置及区别，依时间顺序编制史事发展进程图表，划分历史阶段并总结阶段特征，梳理中外共时性大事年表，分析中外共时性问题。

2. 多方拓展史料

历史是一门注重逻辑推理和严密论证的实证性人文社会学科。对历史的探究应以求真、求实为目标，以史料为依据，通过对史料的辨析，将符合史实的材料作为证据，进而形成对历史的正确、客观的认识。因此，在历史课堂中，对于一些重要结论性的知识，教师要多呈现相关历史材料，从而培养学生"史由证来，论从史出"的证据意识。

3. 学习借鉴培养历史逻辑

所有的历史叙述本质都是对过去的阐释和评判，既包含叙述者对史事描述的整理与组合，又体现了叙述者的立场、观念等。可以说，历史评判是建立在对史事的掌握、理解、解释基础上的，也是历史观、价值观和世界观的体现。因此，要想培养学生的历史解释素养，教师在教学中就要注意引导学生通过接触不同的史料和历史叙述，理解历史学家是怎样借助不同的手段和不同的方式形成对历史的解释，并探讨他们的意图，评价各种历史解释的意义和价值，思考历史事件、历史人物和历史现象的重要性的；了解为什么不同的时代、不同的价值体系会导致不同的评价；通过对历史进行实事求是的阐释和评判，学会反思历史，汲取历史的经验教训。

（二）地理学科课堂教学转型

基于地理学科核心素养培养的地理课堂教学不仅对教学内容的选择和变更提出了要求，而且要求教师对课堂教学结构进行优化改革，将授课内容融入真实的生活情境，使学生将知识运用其中，提升现场学习力。为此，教师在教学中，要注意从以下几点入手使地理学科课堂教学实现转型。

1. 引入现实生活，情境化书本知识

现行教材中的知识一般都做了"去情境化"处理，导致知识形成的背景、过程等真实、具体、生动的细节被大大简化，易造成书本知识学习与现实生活脱节，给人纸上谈兵之感。将现实生活引入课堂，情境化书本知识，可使书本中的知识在真实情境中产生意义。

2. 融入真实生活情境，设计系列化问题链

基于地理学科核心素养培养的地理课堂教学要从以教师讲授为中心转变为以学生学习为中心。为此，就需要教师架设"问题链"这一桥梁，以学生真实的学习过程为出发点，引发学生思考，最终提升学生的现场学习力。

六、基于艺体学科核心素养培养的课堂教学转型

传统的艺体学科课堂教学，或是过分注重教师的教，忽略了学生的学习；或是过分注重学生的学，缺少教师的指导。这种现象导致学生的艺体学科核心素养普遍不高。要想培养学生的艺体学科核心素养，就要使艺体学科的课堂教学实现转型。

（一）音乐课堂教学转型

音乐教育是以音乐艺术为媒介，以审美为核心的一种教育形式。将音乐学科核心素养的培育纳入音乐审美教学的策略是在聆听中感受音乐之美，在实践中体验音乐之美，在欣赏中挖掘音乐文化之美。

1. 让学生体会音乐来源于生活

了解音乐与生活的关系，可以使学生热爱生活、热爱音乐。因此，要想培养学生的音乐学科核心素养，教师就要在开展课堂教学时，为学生提供活动的空间，鼓励学生在生活中寻找音乐素材，让学生能够以现实生活中的真实感受更加深入地了解音乐作品。

2. 让游戏提升课堂学习效果

课堂是落实音乐学科核心素养的主要阵地，教师要想实现音乐课堂教学转型，就要根据实际分析学生的兴趣爱好及思维特点，及时调整、重组教材，使

音乐知识的结构更紧密地与学生的生活经验融合，让音乐课堂激情荡漾、充满活力。对此，教师不妨根据学生爱玩儿的天性，把游戏科学、合理地融入音乐知识与技能的教学中，从而激发学生的学习兴趣，使音乐教学取得事半功倍的效果。

3. 借音乐作品陶冶学生

音乐是听觉的艺术，好的音乐作品能给人听觉上的享受。因此，教师在课堂上除了教授课本上的歌曲之外，还可以选择一些优秀的流行歌曲让学生聆听，引导学生体会歌曲的含义，对学生进行思想教育，从而体现音乐学科核心素养中"立德树人"的宗旨。

（二）美术课堂教学转型

基于美术学科核心素养培养的美术课堂教学要求教师能运用有效的现代教育技术等多种教学手段，突出以视觉形象为本的学科特点；用自己独特的课堂设计、独特的教学风格引领学生走近大师、品味生活、寻找美；既要让美术课堂教学继承有效的传统教学手段，又要形成新的、有效的教学方式方法。

1. 利用新媒体开展教学

在基于美术学科核心素养培养的美术课堂教学中，教师要注意改变传统美术教学中讲与画的方式，可以采用现代多媒体技术，利用各种绘画软件，培养学生的美术学科核心素养。

2. 通过问题式教学培养学生的眼光和能力

问题式教学是一种以学生为中心的课程设计与教学模式，其主旨在于活化学生的思维，同时强调学生对知识的建构以及知识在实际生活中的应用。在问题式教学模式下，学生要在提出问题、分析问题和解决问题的过程中自主构建知识体系，从而调动逻辑思维与探究意识，并在各种繁复的真实情境中对问题展开探究分析并给予相关的解决对策。这个过程能够提升学生的思维能力，从而有利于培养学生的美术学科核心素养。

3. 让学生用"生活"学美术

学生往往能对生活产生一些属于自己的感触。因此，教师可以在开展美术教学时引导学生将"生活"带进课堂，从而深化学生的生活体验，帮助学生更好地认识生活中的美。

（三）体育课堂教学转型

体育学科核心素养是对知识与技能、过程与方法、情感态度价值观的整合，是以学生发展素养为核心价值追求，确定体育学科课程标准、体育学科知识体系、体育学科质量评价标准的依据和导向，是形成以结构化的学科知识与技能体系为重要基础的载体。它要求体育教师在课堂教学中从以下几方面入手对体育课堂教学进行转型。

1. 科学拓展，培养学生的核心素养

从培养学生体育学科核心素养的角度来说，教师在体育课堂教学中应适时拓展教学空间，加强学生的体育文化基础，拓展学生的体育知识，培养学生对于体育学习的兴趣。比如，为了培养学生的团队意识、合作意识、创新意识以及集体荣誉感，教师可以在课堂上让学生以团队的形式进行比赛，把每一个学生都变成比赛的主体，使每个人的成绩都能够对最终比赛结果产生影响，从而确立学生在体育课堂中的主人翁地位。

2. 创新练习方式，激发学生的学习兴趣

体育学科的内容多种多样，包括跑、跳、投等。对此，教师要认识到这些运动虽然都是学生感兴趣的活动，但学生对其的兴趣并不是因为学生意识到体育有多重要而产生的，而是因为学生在体育运动中感受到了这些活动中蕴含的乐趣。因此，教师在体育教学中要注意调动学生的好奇心理，让学生主动发现体育学习的魅力，从而调动学生学习体育的积极性。

3. 适时放手，发挥学生的主观能动性

教学是师生共同参与的双向活动。其中，教师是课堂教学的导体，学生是主体，是最积极的教学因素。因此，基于体育学科核心素养培养的体育课堂要求教师在教学中适时放手，从而让学生充分发挥主观能动性，让学生自己发现问题、解决问题。

第五章　成果导向教育视角下的课堂教学

20世纪80年代提出的成果导向教育（Outcome Based Education，简称"OBE"）经过不断发展，成为最富有内涵的教育理论，被认为是"追求教育卓越的一个正确方向和值得借鉴的教育改革理念"❶。成果导向教育具有重要的作用，能够为课堂教学提供全新的教学模式和方法。鉴于此，本章将对成果导向教育进行探索，分析成果导向教育视角下的课堂教学。

第一节　成果导向教育的内涵

一、成果导向教育的发展历程

1981年，美国学者斯派蒂（William G. Spady）发表了《成果导向教学管理：以社会学的视角》，最先使用了"成果导向教育"这一概念。❷20世纪90年代初，美国掀起了一场大规模教育改革。在这场改革中，成果导向教育以

---

❶ 徐联恩，林明吟：《成果导向教育（OBE）的改革及其在美国实践的经验》，教育政策论坛，2005（8）：55-72。

❷ 关秋燕：《基于成果导向教育的高职〈管理学基础〉课程改革实践》，四川职业技术学院学报，2017（1）：141-145。

尤为惊人的速度得到了广泛的支持。❶美国肯塔基、密歇根、明尼苏达、密苏里、宾夕法尼亚和华盛顿等州都进行了基于OBE的课程改革运动。

2000年，美国工程与技术认证委员会（Accreditation Board for Engineering and Technology，简称"ABET"）率先启用了"成果导向"认证规范"Engineering Criteria 2000"（EC 2000），对美国工程教育产生了实质性影响。2004—2005年，美国、英国、澳大利亚、加拿大、新西兰、南非、日本、爱尔兰等国共同建立了《华盛顿协议：毕业生核心能力》（以下简称《华盛顿协议》），这意味着成果导向教育成为美国、英国、加拿大等国家教育改革的主流理念。

2013年6月，我国加入了《华盛顿协议》，标志着我国拉开了具有国际实质等效性的教育专业认证帷幕。❷在此背景下，成果导向教育的本土化改造与推广，必将成为特色鲜明、优势突出、成效卓越的教育新常态。

二、成果导向金字塔

在教学中，成果是学生在一段特定的学习经历后所表现出的清晰的预期学习结果。斯派蒂认为，成果不是学生头脑中的价值观念、态度或心理状态，而是指学生用其知道的和学到的东西确实能做到的事情，也就是他们对已学内容的真实应用。

成果导向教育以学生的学习成果为导向，认为教师应围绕"什么确实能让获得学习经验后的学生成功做事"这一问题，清楚地聚焦并组织教育系统中的每件事情，促使教育改革重点从重视资源投入变为重视学习成果，并要求学校、教师对学生的学习成果负全责；促使课程发展基于"产出"而非"输入"，将焦点放在学生"学到了什么"，而不是学校、教师"教了什么"；促使课程设计回归学生毕业后能"带走"的实际能力，而不是具体的课程要求；强调围绕学生的学习任务、专业设置、职业范围开展教学活动，重视培养学生适应未来、适应社会的综合能力等。成果导向教育强调"成功是成功之母"，

---

❶ Spady W. G., Marshall K. J.：*Beyond Traditional Outcome-based Education*，Educational Leadership: journal of the Department of Supervision and Curriculum Development，1991（49）：67。

❷ 李志义：《解析工程教育专业认证的成果导向理念》，中国高等教育，2014（17）：7-10。

以所有学生均能成功为前提，但并不认为所有的学生都应以相同的方式、用相同的时间成功。成果导向教育倡导以学生为中心，重视学生的个性发展，注重扩展成功学习的机会，强调学生个人的进步表现和学业成就。对此，学校和教师应鼓励学生采取合作、协作等学习策略分阶段达成学习成果；采用多元化评价方式，制定相应的评估考核标准，并做好数据收集、整理和分析工作，以证明学生达到了预期要求，从而推动学生与学校的共同发展。

斯派蒂提出了成果导向教育金字塔（OBE Pyramid）的概念，并将其作为表达工具，刻画了成果导向教育的内涵，如图5-1所示。

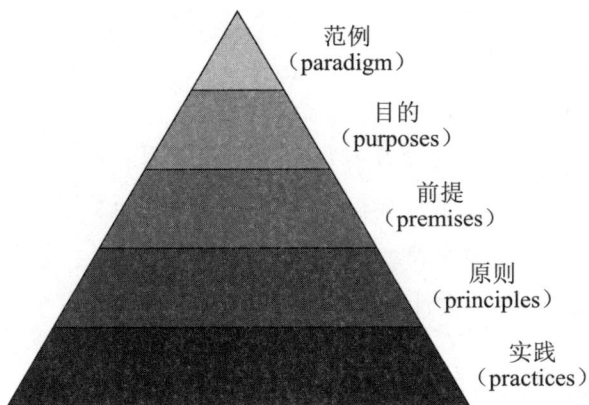

图5-1　成果导向教育金字塔

（一）一个范例

范例即指成果导向教育的思想方法，也是成果导向课程设计所依循的价值取向。有别于传统教育一向关注的"何时"学习、"如何"学习，成果导向教育认为更重要的是什么能促使成功学习、是否能成功学习。范例就建立在这样的假设之上，即所有学生均能成功，学生能否成功与学习路径密切相关，而与学习速度和认知水平关系不大。在成果导向教育金字塔中，范例用以指导成果导向教育金字塔其他各层的设计与实现。

（二）两个关键目的

此处所称的关键目的指的是成果导向教育的两个实施目的：一是构建成果蓝图。一个清晰的学习成果蓝图应勾勒出学生毕业后达到成功所需的知识、技能和素养，或称"高峰成果"。成果蓝图所描述的能力必须具体、可测量。二是营造成功情境与机会，如创设让所有学生达成预期学习成果的适宜条件和机会，精心设计学习情境，全力创造有利条件，降低失败的风险，将成功学习的机会最大化。

（三）三个关键前提

一是所有学生均能学习并获得成功；二是"成功是成功之母"，学习的成功可以促进更成功的学习；三是学校掌控成功的条件，即学校是学习路径的设计者，对学生的成功负全部责任。

（四）四大执行原则

斯派蒂认为实施成果导向教育需要遵循四大原则：一是清楚聚焦，即清楚聚焦于重要的高峰成果；二是扩展机会，即努力为成功学习提供更多机会和支持；三是高度期许，即高度期待并准许所有学生都能成功；四是向下设计，即从最终目标、高峰成果向下设计所有的教学活动。❶

（五）五项通用领域的实践

成果导向教育涉及五大通用领域的实践：一是定义成果。成果既是全部教育活动的指向，也是学生的成功标准，因此实施成果导向教育必须清晰明确地定义成果。二是设计课程。成果导向教育强调整合课程架构、教学授课、测验和证书等内容，提倡与生活情境相结合的跨科目领域及跨年级课程。三是教学授课。成果导向教育强调学生学到了什么、做出了什么，注重产出与能力，鼓励批判性思考、沟通、推理、评论、回馈和行动。四是结果凭证。成果导向教育实施多元评价，评价结果由达成最高绩效成就的标准及内涵来反映，并不强调学生之间的成果比较。五是决定进阶。成果导向教育认为所有师生均应拥有成功教学和学习的机会，学校应将取得高峰成果的历程分为若干阶段，分段设置成果次目标，再让学生逐步取得高峰成果。

成果导向教育金字塔涵盖了成果导向教育的全部思想内涵，既是对成果导向教育的理性把握，也是推广教育改革的行动指南。

---

❶ 卢立红：《基于成果导向国际贸易实务课程实践》，中文信息，2018（8）：213-214。

三、成果导向教育的特点

(一) 成果决定而非进程决定

在传统教育中，教学安排与教学评价几乎全部由教学目标、课程、教材、课表等来规定。其特点是严格受时间管控，目的在于完成教学计划所规定的内容，评价依据是学生学习经历的累积，并不关心学生学到了什么、能做什么。成果导向教育特别强调"学习成果决定"，几乎每项教学活动的判断都与学习成果有关。成果导向教育要求清楚聚焦于学生学习成果的达成情况；要求课程开发以成果为参照，遵循向下设计原则；要求营造良好的学习情境，努力扩展机会，取得学习成果；要求评价要始终跟踪学生的能力进展，确保学生取得高峰成果。

(二) 扩展机会而非限制机会

传统教育所采用的学分制、学时数、年级划分、严格分科、鼓励竞争等方法限制了学生的成功机会，从而导致先前的失败经历被永久地"载入史册"，成为学生后续发展的障碍。成果导向教育建立在"成功是成功之母"的假设基础上，因此成果导向教育注重竭力扩展机会，反对对学生进行结构性区分或分类，采取包容性成功，并倡导"铅笔成绩"，主张成绩随学生学习与绩效的增进而改变，并仅关注阶段的最终成果。成果导向教育为学生提供了可修改、可变化的学习内涵，弹性回应学习需求，努力促使学生成功学习。

(三) 成果为凭而非证书为凭

在传统教育中，学分与证书的获得往往取决于参与学习的时间和学习评价标准。成果导向教育则以成果为凭，要求学分与证书均与学校整体考量成果紧密相连，学生必须清晰地展现自己已达到学校所要求的绩效标准以获得相应学分。只要能够达到绩效标准，学生即可以通过调整、转换等方式掌控课程，而不再受过程安排；而且升学与毕业仅取决于学习绩效，不再与在校时间或年龄有关。

(四) 整合知识而非割裂知识

传统教育的思想方法强调知识的划分，学科与学科之间界限分明。这种学科堡垒明显阻碍了学生对所学知识的自由迁移，限制了人才多样化的进程和学生心智水平的发展。成果导向教育主张基于人的多元智慧解决问题，因此强调知识整合。成果导向教育对课程架构、教学授课、测验以及证书进行了跨领域整合，学校负责对这种整合进行支持，包括采取跨科目、跨领域及跨年级整合的方法来引导学生展现联结能力。

（五）教师指导而非教师主宰

传统教育以教师为中心，课程呈现涵盖性，以灌输式教学为主，主要着眼于"教什么，如何教"。成果导向教育将教学的中心还给学生，强调教学指导。教师应善用示范、诊断及评价、适切回馈和建设性介入等有效教学策略来引导、协助学生取得预期成果。

（六）高峰成果而非累积成果

传统教育强调将学生分散的成就累积，或将学习绩效平均；成果导向教育强调学生所能取得的高峰成果。对此，学校和教师应关注学生经所有学习和练习后的最终高峰表现，以及毕业离校进入职场时能够成功做事的能力。

（七）包容性成功而非分等成功

传统教育按成绩对学生加以排序，对学生进行结构性区分或分类，而成果导向教育强调包容性成功。为了让所有学生均能成功，学校必须一贯、系统地遵循成果导向执行原则以创造各种成功机会；采取鼓励学生跨组别学习不同的课程架构、接受各种评价、获取各样证书等措施促使学生成功，引导学生取得高峰成果。

（八）合作学习而非竞争学习

传统教育强调学生个人之间的竞争，使学生的成功彼此对立起来，导致少数学生的成功伴随着更多学生的失败。成果导向教育认为团队合作是促进共同成功的重要学习方式，倡导合作学习，反对单打独斗或竞争学习，鼓励使用同侪教练、协同合作、团队工作等模式扩展成功机会，让所有学生均能达到成功标准。

（九）达成性评价而非比较性评价

传统教育强调学生间的成绩比较，关注成绩、标签或标志，不关心绩效标准与评价内涵。成果导向教育强调达成性评价，即标准效度。评估效度是依据学生个人是否达到既定绩效标准确定的，其评价结论大多为"符合/不符合"或"未达到/超越"等。

（十）协同架构而非孤立教学

孤立的课程和个别教师的作用是极其有限的，因此很难促成成果导向教育所追求的高层次表现和高峰成果。为了满足高水平需求，成果导向教育采取具有网络结构的协同架构，即教师通过长期沟通、协同合作来创造和开发课程，实施教学评价，引导学生达到绩效标准。

第二节　成果导向教育的实施

一、成果导向教育的实施原则

（一）清楚聚焦

成果导向教育要求教师清楚聚焦于学生在一段学习经历后所能取得的最终学习成果，认为教师的任务是帮助学生发展知识、技能和个性，使他们能够取得预期成果。清楚聚焦是成果导向教育实施中最重要、最基础的原则。为贯彻清楚聚焦原则，成果导向教育对教师提出了以下建议：

首先，建立一个清晰明确的学生学习成果蓝图，以此为课程设计、教学授课、学习绩效评价的起点；

其次，无论是教学设计还是评价设计，都应以学生成功地展现学习成果为前提；

最后，教师应自始至终地以伙伴关系介入学生的学习过程，目的是协助学生取得各阶段成果，并与学生共同分享成功的喜悦。

（二）扩展机会

扩展机会指确保所有学生均能成功。成果导向教育充分关注学生的个性差异，强调不必以同种方式在相同的时间为所有学生提供相同的学习机会，也不必要求所有学生在同一时间取得成功。成果导向教育要求学校和教师以弹性方式回应学生的差异性需要，为学生公平地提供可选择的学习资源，建立多元评价机制，使学生能以多种方式展示学习成果。

（三）高度期许

成果导向教育期待并准许所有学生成功学习。高度期许并不意味着降低绩效标准，而是强调采用高层次的课程和高水平的绩效标准。对此，教师必须致力于提高标准的可接受度，创设良好的学习情境，善用不同的教学形式，鼓励学生采取不同的学习方法，引导学生在挑战性的学习过程中获得较高成就。高度期许比高标准的内涵更丰富。高度期许除强调高标准外，还强调提高达到标准的可能性；否则，一味提高标准只会降低学生的通过率，给学生的学习过程带来障碍。

（四）向下设计

成果导向教育要求教师最先定义学生学习高峰成果。所有教学活动均由高峰成果向下设计，充分考虑所有迈向高峰成果教学的适切性，以确保高峰成果的取得。

向下设计有两点要求：

第一，从期望学生最终取得的高峰成果反推，得出基础成果和零碎成果。其中，基础成果是学生取得高峰成果的过程成就，是取得高峰成果的关键，也是学习绩效的基本；零碎成果是较不重要的课程细节。在课程和教学设计方面，必须遵循使难度自下而上逐级增加的原则，引导学生逐步取得高峰成果。

第二，无论是否情愿，教师都应尽力取代或删除不重要的零碎成果。教师必须始终聚焦于基础成果与高峰成果，排除或置换不必要的课程细节，有效协助学生成功学习并取得高峰成果。

二、成果导向教育的实施要点

（一）定义学习成果

定义学习成果是建立成果蓝图的过程，是实施成果导向教育成败的关键。学习成果定义是否得当、确切，会直接影响后续教育活动各个环节的质量。在定义学习成果时，应充分考虑教育利益相关者（政府、行业、教师、学生、家长）的要求与期望。一般情况下，学习成果需要转化为可测量的绩效标准，从而通过直接方法或间接方法检测学生的达成情况。

（二）开发设计课程

成果蓝图所描述的是毕业生预期的能力结构，这种结构需要通过课程体系来实现。因此，开发设计课程、构建课程体系对学生成果蓝图的达成具有重要的作用。课程体系要全面覆盖能力指标，并在两者之间建立一种清晰的映射关系，要求学生完成课程体系的学习后，能够取得全部预期学习成果。

（三）实施教学

实施教学重点强调教学的策略与方法。在教学策略与方法方面，成果导向教育强调教学的输出，即学生的学业表现，只要是有助于学生自我表现或学习成果展示的策略和方法，成果导向教育都不会排除；强调指导学生采用问题本位学习、社群本位学习、多专业学习等学习策略；强调指导学生采用讲演、小组任务及独立研究等学习方法；强调指导学生采用高仿真模拟器、E-Learning等先进的学习技术。

（四）评价结果

评价结果指成果导向教育采取达成性评价方式，聚焦学习成果是否已达成。成果导向教育的教学评价不再参照课程内容、教学进度、学习经历等对时间敏感的元素，而是强调达成学习成果的内涵和学生的个人进步；采用多元评价系统，根据学生个人所能达到的能力程度进行针对性评价，并以此为指导教学和改进方法的参考依据。

（五）决定进阶

决定进阶指依据向下设计的原则，将高峰成果逐级设计为基础成果。这些基础成果之间并不是简单的部分与整体的关系，而是低级与高级的有机结构，要求学生分阶段逐级达成。在课程与教学设计上，不同阶段的基础成果应呈现开放状态，确保其内涵的难度或复杂程度逐级增强，准许学生花费不同时间、通过不同途径和方式循序取得高峰成果。

三、成果导向教育的实施策略

成果导向教育没有固定的课程模式，是一种包容性的理论。李坤崇教授提出，成果导向教育的课程规划未要求教师、学生采取固定的教学、学习方式，却鼓励教师善用批判性思考及广泛、多元的方式，引导学生依其个别差异与需求来进行学习，以达到预期的学习成果。❶可见，成果导向教育视角下的课程强调教学的输出，即学生的学业表现。也就是说，只要是有助于学生自我表现或学习成果展示的策略和方法都可以采纳。

（一）遵循行动导向学习理论

成果导向教育理论为构建、培养学生能力体系的课程开发方案提供了指导，而行动导向学习是在课堂教学中实现学生能力培养的有效方式。

行动导向学习是指在教学目标的引导下，学生进行主动的和全面的学习，并通过行动学习培养职业能力和关键能力。这种倡导"做中学"的学习理论，目前被认为是在课堂中开展成果导向教学最为贴切的理论。在行动导向理论诸多种类中，自主学习、合作学习、行动学习和体验学习四种学习理论较为常用，可在教学设计和实施中根据实际情况选择运用。

（二）采用能力培养课程模式

能力培养课程模式种类较多，较常采用的有能力本位（Competence Based Education，简称"CBE"）、学习领域课程、CDIO、模块式教学（Modules of Employable Skill，简称"MES"）等模式。每种模式均有其适用范围，亦有其局限性，不能将一种模式运用于所有课程或一门课程的所有内容。成果导向

---

❶ 李坤崇：《大学课程发展与学习成效评量》，北京：高等教育出版社，2011。

教育要求根据教学目标，紧扣教学内容的特点，选用适切的课程模式。例如，CBE强调对能力点的培养，可用于单项技能训练的教学内容；学习领域课程按照工作过程系统化的思路进行设计，强调与生产岗位一致的工作过程，适用于需要将真实工作过程再现于课堂的教学内容，通过理论与实践一体化，突出在教学中还原真实的工作情境；CDIO中构思、设计、实现、运作四个环节的核心是设计，可用于教学内容以设计为重点的课程；MES强调技能训练，训练内容设计需要参照某一国际标准或职业资格证书的考核标准，常用于实践性课程和需要考取职业资格证书的课程，能够突出课程需要达到的行业通用标准；在通识课程和公共基础课的教学中，需要将生活或工作场景搬入课堂，探索实施教学内容生活化、教学手段情景化、教学过程情境化的有效模式。

（三）选用行动导向教学方法

成果导向教育要求在教学方法的选用上具有更大的灵活性。课程的性质特点、学生的实际情况、教学资源配备情况，甚至是教师本人的特长等，都是选用教学方法的重要依据。行动导向教学法是适合学生能力培养的教学方法，常用的种类有很多，包括问题解决教学法、案例教学法、项目教学法、引导文教学法、角色扮演教学法、任务驱动教学法、头脑风暴教学法等。对于不同的教学单元，可以选用不同的教学方法，也可以将两种或多种教学方法组合使用。

（四）采用多元评价方式

成果导向教育指导下的课程需要用多元的评价方式检验学生的学习成效。评价内容多元化、方式多元化、主体多元化、呈现方式多元化是多元评价的主要表现形式。多元评价关注学生任何阶段的学习成果，能够弹性地回应教学需求，在评价中挖掘学生的潜能，赏识学生的学习成果，调动学生的学习积极性，促使学生努力学习并取得成功。

第三节　成果导向教育视角下的课程模式

不同的课程模式是在不同的时期、背景和环境中产生的，其理论基础和方法体系也不尽相同，各有特色。成果导向教育以培养学生的核心能力为目标，而我国的课程模式在近年来吸收了许多现代课程论的思想，强调以能力培养为主，体现了新的知识能力观。在成果导向教育视角下，比较典型的课程模式主要有CBE、学习领域课程模式、CDIO、MES等。

一、CBE课程模式

CBE是一种以能力培养为中心的教育教学体系，是一种以岗位胜任能力培养为基础的课程开发与建构模式。目前，CBE课程模式已被广泛应用于高等职业教育和职业技能培训，并取得了良好的效果。

（一）CBE课程模式概述

1. CBE课程模式简介

CBE课程模式是以美国扬斯敦大学著名心理学家布鲁姆的掌握性学习、反馈教学原则以及目标分类理论为依据，于20世纪60年代末，由加拿大皇家经济开发中心和美国通用学习公司合作开发的一种新型课程模式。该模式主要流行于北美，在加拿大、美国、英国、澳大利亚等发达国家运用得较为广泛，于20世纪90年代初逐渐在世界范围内得到推广，现在已有30多个国家和地区运用了CBE课程模式。

CBE课程模式以职业分析为起点，并把职业能力看作职业教育的基础。该模式以工作岗位能力为学习内容与评价标准，以具体工作任务为学习内容与课程组织依据，注重学生个体主动性的发挥，紧密联系社会与经济需求。由于其表现形式为模块式，CBE课程模式也被称为"模块式课程模式"。CBE中的综合职业能力包括四个方面：知识，指与本职相关的知识领域；态度，指动机、情感领域；经验，指活动领域；反馈，指评价、评估领域。这四个方面的要求可以在一个学习模块中表现出来。在进行职业分析时，为保证能力分析的客观性和实用性，综合能力和专项能力的确定是由企业的专家和专门的课程设计专家组成的顾问委员会完成的，学校的教学人员一般不参加。❶

在CBE课程模式中，理论知识传授以必须、够用为度，重视学生的能力训

---

❶ 王哉：《加拿大职业培训的特色——CBE课程》，职业技术，2006（19）：57-59。

练，强调学生的主体作用，其核心内容是对学生职业能力的培养。在教学手段上，CBE课程模式综合运用卡片演示法、问题导向法、参观法、分组讨论法、情景模拟法、实习实验法及现代化电教手段，体现了个体化教学，使学生的积极性得到了最大限度的发挥，使学生的独立思考能力、创新能力均得到了全面的提高。

2. CBE课程模式的主要特点

CBE课程模式在培养目标、教学组织、课程体系、评价标准和课程开发等方面都与传统的课程模式有所不同，主要表现在以下几个方面。

①以职业能力培养为培养目标和评价标准；以通过职业分析确定的综合能力为学习的科目；根据职业能力分析表所列专项能力从易到难的顺序，安排教学和学习计划。它打破了传统以学科为科目，以学科的学术体系和学制确定学时、安排教学和学习的教育体系。

②以能力为教学的基础，而不是以学历或学术知识体系为基础。因此，该模式需要对学生凭借原有经验所获得的能力进行考核，允许学生用较短的时间完成原定课程，缩短了学习时间；根据一定的能力观分析和确定能力标准，将能力标准转换为课程，通常采用模块化课程。

③强调学生自我学习和自我评价。教师是学习过程中的管理者和指导者，负责按职业能力分析表所列各项能力提供学习资源，编制模块式的学习包、学习指南，集中建立学习信息室。学生要对自己的学习负责，按学习指南的要求，根据自己的实际制订学习计划，并在完成学习后先进行自我评价，达到要求后再由教师进行考核评定。

④教学灵活多样，管理严格科学。CBE强调岗位需求和学生在学习过程中的主体地位，强调采用个别化的教学方式，课程可以长短不一，学生的学习程度可以不同。另外，CBE对学生毕业时间要求也不一致。因此，只有具备一套严格科学的管理方案，才能满足教学需要，发挥教育资源的作用。

⑤根据工作需要开发课程。CBE课程模式的出发点是就业环境而不是教育专家的观点，其课程设置和教学条件完全服从于企业需要、岗位需要和工作需要，包括学习资料、教室、实习场地和全套设备。在CBE课程模式下，很多时候都是由企业主、雇主亲自提出培训内容和要求，并和顾问委员会一起制订培

训计划。

总而言之，CBE课程模式主要由职业目标、模块大纲、个性化学习和科学管理四个部分组成。CBE课程模式的最大特点是从社会实际需求出发，与用人单位合作，按照由职业分析和工作分析得来的职业能力本身的结构方式构建课程体系。这种课程模式以岗位技能为基础，紧紧围绕某种职业所必须具备的能力组织教学，既重点培养了岗位专业技术能力，又兼顾了职业发展的次要能力，使课程设置趋向综合化，有利于学生综合能力的培养。

（二）CBE课程模式的应用

1. CBE课程模式的开发步骤

CBE课程模式的开发包括准备、劳动力市场分析、职业分析、工作分析、专项能力分析、教学分析、教学设计与开发、课程与教学的检验与更新等阶段。

第一，准备。准备阶段主要需要考虑国家或地区的经济发展状况与社会文化政策、产业政策等宏观上的具有全局战略意义或者整体引导性的因素，以及在总体上把握相关课程设计领域内的目标或者价值观念。

第二，劳动力市场分析。进行劳动力市场分析的目的是通过了解地区劳动力需求状况，获得课程开发的决策性依据。具体包括地区的人口状况、劳动力市场的供求关系、潜在的工作机会与职业以及所需劳动力缺口。这种以实际调查为基础的需求分析具有一定的科学性，在某种程度上可以避免严重的人才培养过度或者培养不足问题的出现。劳动力需求状况分析得出的结果是后续活动与科学制订课程计划的前提与支撑，在宏观上决定着课程的培养目标与规模。

第三，职业分析。通过劳动力需求分析确定出当前持续拥有或未来有潜在劳动力需求的职业后，相关人员就需要按照劳动力市场分析的结果进行范围选择。他们通常依据政府专家制订的工作计划对某个职业进行相关分析，一般以经济领域为划分基础来对工作岗位进行横向或者纵向分组；之后，以复杂程度为标准，在职业范围内进行具体工作说明，并进行职业或者岗位描述。

第四，工作分析。工作分析建立在职业分析与工作岗位的选择上，其目标是进行某一具体工作岗位的相关能力分析，进而确定该工作岗位所需的能力素质要求。美国通用学习公司与加拿大皇家经济开发部联合开发的DACUM分析法是进行工作分析的最佳工具。这是一种被广泛用于人力资源管理、教育培训等领域的职业分析方法，也是CBE课程模式开发最关键的一步。具体做法是主办方邀请十几个专业内优秀的工作人员组成一个DACUM委员会，委员会在主持人（一般由政府委派）的带领下按照一定的原则进行头脑风暴式讨论，列出该专业所需要的综合能力与专项能力并进行排序，得出一张包括名称、能力领域、单项技能和技能操作评定等级四项内容在内的DACUM工作分析表。

第五，专项能力分析。专项能力分析也需要成立一个委员会，主要职责是对DACUM表进行修订与具体化：对每一项专项能力所需的知识和技能进行排序并确定不同层次的岗位内容。该阶段对教材与学习资料的开发具有很大意义。

第六，教学分析。教学分析指课程与教学专家组制订工作计划，将专项能力的具体分析结果划分成教学模块，进行组合与排序，确定核心课程的过程。

第七，教学设计与开发。教学设计与开发阶段主要包括开发教学大纲、细化各模块的教学目标与教学方法、准备相应的学习设备等活动。本阶段要考虑学校的实际条件、学生的心理与接受程度等，这些因素决定着CBE课程模式的教材是否具有可操作性与教学目标的可实现性。

第八，课程与教学的检验与更新。进行课程与教学的检验与更新一般有两种方式，一种是对DACUM表进行修改，另一种是进行调查与面谈。检验与更新是课程内容时效性的重要保障。

CBE课程体系的这些开发步骤是紧密联系在一起的，而且要依据一定的顺序进行，不可跳跃或者孤立进行。同时，CBE课程体系是各方共同努力的结果，有政府、学校、教师、各类专家、企业的参与，不可以偏概全，由学校完全包办整个开发与实施过程。

2. 应用CBE课程模式的注意事项

首先，要深入理解CBE课程模式的精髓。学习、借鉴CBE课程模式，无论是教师还是教学管理人员，都必须深刻领会其精髓和实质，绝不能照搬照抄。由于国情不同，在借鉴过程中，既要遵循CBE课程模式的理论框架体系，又要结合实际对其进行灵活运用。

其次，要开发出理想的职业能力图表。全面实施CBE课程模式的关键是开发出理想的DACUM表。DACUM表相当于现行教学体系中的教学计划和教学大纲，是教学实施的前提。

再次，要加强教学管理，制定科学的管理制度。在CBE课程模式的实施中，要加强对任课教师和学生的管理，对教师的教学准备情况、教学实施过程和教学考核标准进行严格监督和检查，制定相应的考核与管理制度来保证CBE课程模式的实施。

最后，教师要转变观念，全身心地投入。CBE课程模式在教学、指导、考核等方面均比原来复杂得多，对教师自身素质和专业水平的要求也很高，所以教师只有彻底转变教育观念，以学生为中心，以能力培养为目标，全身心地投入其中，才能取得好的效果。

3. 在教学中应用CBE课程模式的优势

第一，紧密联系市场和社会的需求，保证生源质量与就业前景。与市场和社会的需求紧密联系是CBE课程的一大优势。为保证所开设的专业课程兼有时效性与科学性，提高培训的针对性与实用性，惠及学生、学校以及社会，在CBE课程模式开发前，要进行翔实的社会调查。

第二，以能力和职业为导向，减轻做学分离程度，改善职业教育内容不切实际的局面，提升职业教育课程体系的整体度与实用性。在CBE课程模式中，理论知识只是课程的有机组成部分，以"够用"与"实用"为原则，即理论知识只要能够支撑学生进行专业学习即可。同时，实习或者实训部分所占的比重较大，其目的是让学生熟悉具体详细的、与工作任务紧密相关的操作。这既有利于克服传统课程模式的弊端，使专业理论课程与实习实训相互配合，又能够通过具体的实践操作增强学生的职业能力，拉近学生学习与实际工作岗位之间的距离。

第三，DACUM的应用提高了职业教育课程的针对性与效率，也增强了企业参与职教的动力。在应用CBE课程之前，学校提供的教学内容与社会实际工作岗位对学生的要求脱节一直是个难题，而应用CBE课程模式之后，用DACUM能力分析表进行课程开发，能够保证培养目标明确、可行，符合社会需求，使教学效果与效率得以提高。

第四，CBE课程强调教学环境的工作现场化，强调学生在教师的引导下"通过做学会做""在工作中学习工作技巧"，强调学生在生产现场动手参与操作。情境教学与参与式学习的推行，可以减小培养过程与具体工作之间的时间差，在培养学生动手操作能力、提前帮助学生适应工作环境的同时，对学生职业态度的养成发挥潜移默化的作用。

第五，个性化与灵活性凸显，模块式影响深远。在CBE课程模式中，教师与学生的角色发生了明显改变。学生的学习更加灵活与个性化，学生不再只是知识的被动接受者，而是在个性化学习方式的引导下成为学习的主体，对自己的学习进程与学习方式拥有一定的决定权；教师由主导者与知识信息的传递者转变为指导者与引导者，根据学生的学习进度与需要给予帮助与配合

CBE课程模式的管理机制比较灵活，可依据学生的不同表现采取不同的措施。这样一来，就可以在尊重学生个性化发展的同时，给予学生一定的学习压力，有利于学生的自我发展与教学质量的提高。个性化学习与灵活管理的另外一个载体是CBE课程模式所推行的学习包模块式课程体系。学习包将课程内容划分为多个以能力为核心的教学模块，以此帮助学生学习，促进理论与实践在工作任务中的有机结合。

二、学习领域课程模式

学习领域是一种主题学习单元，由能力描述的学习目标、任务陈述的学习内容和相应的学习时间三部分组成。

（一）学习领域课程模式概述

1. 学习领域的定义

学习领域是指由学习目标描述的主题学习单元，是按职业任务与职业行动过程取向设置的。按照德国专家的诠释，学习领域是建立在教学论基础上，由职业学校制定的学习行动领域，包括实现该专业目标的全部学习任务，能够通过行动导向的学习情境具体化。一个学习领域由能力描述的学习目标与任务陈述的学习内容加以确定，并给出相关的学习时间。因此，一个学习领域的组成包括学习目标、学习内容和学习时间三个部分。一般情况下，一门专业的课程

由10~20个学习领域组成。由与该专业相关的职业活动体系中的全部职业行动领域导出学习领域，并通过适合教学的学习情境使其具体化的过程可以概括为"行动领域—学习领域—学习情境"。

2. 学习领域课程的特征

第一，通过行动来学习。学习领域的最大特征在于不采用学科体系，而是通过整体、连续的"行动"过程来学习，将与专业紧密相关的职业情境作为确定课程内容的决定性参照系。

第二，以培养职业能力为目标。采用职业能力表述的学习目标不是封闭性的，而是开放性的，与该目标有关的职业行动领域及其任务设置是构建该学习领域学习内容的基本成分。迄今为止，在学习领域的课程方案中，采用分科课程传授细节知识，是通过具体的学习行动领域，即采用与问题关联的教学来实现的。这种课程方案有利于实现行动导向的考试和考核。

第三，通过六步教学法来实施。教师是学习过程的组织者与协调者，教师通过"信息、计划、决策、实施、检查、评估"六步教学法，让学生独立地获取信息、独立地制订计划、独立地实施计划、独立地评估计划，使学生在自己动手的实践中，掌握职业技能，习得专业知识，从而构建属于自己的经验、知识或能力体系。❶

（二）学习领域课程模式的应用

首先，学习领域课程模式注重对综合职业能力和素质的培养，注重在发展专业能力的同时，促进学生关键能力的发展；

其次，学习的主体是学生，学生需要在满足企业岗位要求的同时，获得职业生涯发展潜力；

再次，学习内容的基础是来源于工作实践的、某一职业的典型工作任务；

最后，学习过程具有工作过程的整体性，学生能够在综合行动中思考和学习，完成从明确任务、制订计划、实施检查到评价反馈的整个过程。

因此，学习领域课程适合能总结出典型的工作任务、操作性强的生产加工

---

❶ 徐涵：《德国学习领域课程：职业教育教学体系的转变》，比较教育研究，2015（1）：99-100。

类课程，如数控机床、物流仓储、锅炉设备与运行等课程。

1. 学习领域课程设计思路

学习领域课程的学习情境是依据工作过程导向，以典型工作任务为基点，按照难易程度依次递进的思路设计的。通过对学习情境的学习和反复训练，学生不仅能够掌握某领域的专业知识和专业技能，真正具备观察、分析问题，理论联系实际解决问题的能力，还能够全面具备职业规范、职业道德和职业纪律等综合素质，通过学习的过程掌握工作岗位需要的各项技能和相关专业知识。

2. 学习领域课程开发的方法

第一，通过企业调研，召开实践专家研讨会。实践专家并不一定是企业管理者，还可以是生产一线的工人。学校要与他们一起对工作岗位进行分析，得出几个关联紧密的工作任务。

第二，对典型工作任务的职业行动、目标及具体工作学习内容进行分析、归纳，整理出典型工作任务描述表。

第三，针对典型工作任务确定并描述对应的学习领域，依照职业成长和认知规律，以工作过程结构不变、学习难度逐步递增、学生自主能力逐步增强的原则划分、设计学习情境，可以将其理解为一个个小型的学习单元。

第四，针对学习情境，以传统的教师指导与学生自主构建有机融合为教学原则，进行学习领域课程的课堂设计，包括教师设计引导文、学习评价标准和教师考核评价表、学生互评表等。

3. 学习情境的设计要求

学习领域的表现形式是由若干个学习情境构成的，因此设计学习情境是学习领域课程的核心。学习情境的设计应遵循以下要求。

第一，适量性。一门学习领域课程至少要设置三个学习情境，以保证学习任务的完成，形成经验的积累。学习任务的难易程度要适当，任务过易，不利于学生能力的培养，也会使学生感到枯燥乏味；任务过难则会使学生茫然不知所措，挫伤学生的学习热情和自信心。任务的难易程度必须保证大多数学生都能够通过努力完成。另外，一个学习情境的课时量一般以20～30学时为宜。

第二，类别性。一门学习领域课程的不同学习情境通常属于具有相同特征的同一范畴或同一类别的事物。通过学习情境内容的差异性，学生既掌握了新的知识和技能，又通过学习情境的实施过程、步骤及方法的重复，不断积累了经验，达到了熟能生巧的目的。学习情境是与学生所学习的内容相适应的包含任务的工作活动事件，用以实现能力的渐进提高，以解决工作中出现的疑难问题。

第三，过程性。对于不能按类别划分学习情境的课程，可以考虑按过程或步骤来划分学习情境。学习情境的划分要考虑可操作性。一个学习情境是一个独立的学习单元，其实施过程需要连续完成，如农作物的生长周期较长，有时需要把同类植物的同一生长过程（比如育苗）确定为一个学习情境，但同时也要注意学习情境必须有完整的边界，不能交融、交叉，要体现完整的工作过程。

第四，关联性。学习领域课程各学习情境之间都应具有一定的关联性，通常存在以下几种关系：一是串行关系。学习情境是相互独立的工作任务，但前后两个情境之间有先后顺序关系，找准每个串行情境间的逻辑顺序，情境之间就可采取串行关系排列。二是并列关系。每个学习情境都是由独立的学习任务构成的，对前后顺序没有严格要求，情境之间可采取并列关系排列。三是递进关系，这也是符合教育认知规律的最好的关系模式。学习情境是由简单到复杂、由单一到综合或由低级到高级的过渡，各情境之间可采取递进关系排列。四是包容关系。如果后一个学习情境包含前一个学习情境的学习内容，具有环环相套的包含关系，情境之间就可采取包含关系排列。比如，物流管理专业的"物流运输管理"学习领域课程是按照运输工具的类别设置情境的，同时以递进关系排列公路运输、铁路运输、水路运输、航空运输和联合运输五个学习情境。再如，设施农业技术专业的"设施蔬菜生产技术"学习领域课程因蔬菜的生产周期较长，根据过程性原则，以蔬菜的育苗、定植、栽培管理、采收和储藏保鲜的生产过程按串行关系排列、划分四个学习情境。

4. 学习领域学习情境的实施步骤

完整的学习情境实施包括资讯、计划、决策、实施、检查、评估六个环节。只有参与完整的学习情境实施过程，学生才能逐步形成职业实践所需要的社会归属感、责任意识、职业创造能力。

以典型的"信号灯控制系统的设计与制作"为例，学生为学会制作电路、设计控制程序，要根据教师安排，完成如下任务。

第一，资讯。这一阶段的主要任务为下发设计任务书，描述项目学习目标；交代项目任务，发放相关学习资料；学习单片机的结构原理以及回答学生的提问等。这个环节要求教师精心设计学习任务单，对教师的要求比较高。

第二，计划。首先分配工作小组，开展项目，制订小组工作计划；其次以小组为单位，讨论信号灯控制系统的设计与制作方案，分配设计任务，由教师对方案进行指导；最后以小组为单位，选派代表阐述项目计划。

第三，决策。学生讨论、选择信号灯控制系统设计与制作的整体方案，各小组分别提出完成项目的设计方案，每个小组选出一名学生上台陈述本组的实施方案，师生共同讨论后进行分析、比较、优化，最终选定最佳实施方案。在这个环节，教师要适当对学生设计的方案进行分析，同时及时将需要修正的地方指出来，千万不能全盘否定学生的方案，以免打击学生的积极性。

第四，实施。学生按照工作计划，独立完成工作任务。教师在工作任务实施的过程中应进行巡回指导，给予必要的知识补充。在这个环节，学生要完成对信号灯控制系统的线路设计、信号灯控制系统的线路安装和信号灯控制系统的线路测量。学生应对实施过程中的每个步骤进行自查，及时修正，并记录工作情况。

第五，检查。项目完成后，根据最初给定的工作任务要求进行核对，检查项目完成情况，如有不符的情况，要及时进行分析和修改。这个环节可分为三个步骤：一是质量检验，主要进行信号灯控制系统的线路安装检验；二是填写检查单；三是演示与汇报，学生分组将所做工作过程及结果做成演示文稿。

第六，评估。评估分为过程与结果评价、资料整理和提升。过程与结果评价分为小组自评、小组互评和教师评价三个方面。小组自评为学生对本项目的实施过程进行评价；小组互评以小组为单位，分别对其他组的工作结果进行评价并提出建议；教师评价即教师对学生汇报及结果进行评价，指出每个小组及其成员的优点，并提出改进建议。资料整理和提升主要是学生根据小组互评和教师评价的建议填写评价表，优化方案，整理项目所有资料，并将相应资料归档。

5. 应用学习领域课程模式的注意事项

首先，转变教师的教育教学观念。教师习惯在学科课程体系下教学，而学习领域课程模式以工作过程系统化为理论基础，与学科课程的理论依据完全不同，更强调按工作过程而不是按知识系统组织教学。从学科体系的角度来讲，学习领域课程的内容及所选择的载体是综合的、跨学科的，这对教师而言是严峻的挑战。

其次，组建专兼结合的教学团队。要根据某门学习领域课程的课时数、课程难度范围（典型工作任务的综合化程度和学习的难易程度）来组建教学团队，以专兼职教师合作为宜。专职教师主要负责引导学生学习必要的理论知识，而企业兼职教师则主要负责引导学生进行实践操作。教学团队必须根据每个具体的教学进程设计具体的体现行动导向思想的教学方法。

再次，建设理论与实践一体化教学场所。学习领域课程实施是在真实或者模拟真实的工作环境中，按照工作的方式进行的。一个完整的工作环境包括劳动者、劳动对象、劳动资料，缺少一个学习领域课程就难以进行。学校要通过调动社会的办学积极性，面向整个社会统筹教育资源，改善办学条件，加强学校之间的资源共享，提供学习领域课程实施所需的硬件条件。理论与实践一体化教学场所正是学习领域课程实施需要的教学硬件条件，它按照典型工作任务完成的流程（工位）进行设计，既有教室的功能又有实训室的功能，既有教学的功能又有职业活动的功能。

最后，注重校企联合、产教融合。学校应积极与企业建立联系，联合成立以教学、科研、生产为一体的实训基地或与企业联合办学，组织教师深入企业、行业内部进行实践，派教师到企业上岗工作，使教师在工作过程中了解企业、行业的运作方式、工作流程，以及对劳动者能力要求的变化和新技术、新趋势。教师通过亲自参与经营管理、项目设计、现场施工等职业活动，能够积累更多、更新的生产管理经验，形成职业技能，并将这些经验和技能应用到教学工作领域。

三、CDIO工程教育模式

CDIO是构思（Conceive）、设计（Design）、实施（Implement）、运作（Operate）四个英文单词的缩写，CDIO工程教育模式的中国化有利于培养我国学生的创新精神和实践能力，有利于我国的教育改革。CDIO工程教育模式通过系统的产品设计培养学生的专业技术知识、个人能力、职业能力、团队工作和交流能力，以及学生在企业和社会环境下对产品系统进行构思、设计、实施、运行的能力等综合素质。CDIO工程教育模式既是一种工程教育实施方案，又是一种工程教育理念。

（一）CDIO工程教育模式概述

1. CDIO工程教育模式的含义

CDIO工程教育模式是近年来国际工程教育改革的最新成果，它以从产品研发到产品的运行、维护和废弃的全生命周期为载体，建立了一体化的相互支撑和有机联系的课程体系，让学生以主动的、实践的方式学习工程，是"做中学"原则和"基于项目的教育和学习"的集中体现。

CDIO工程教育模式的核心是通过构建一个"构思—设计—实施—运行"的工程教育背景环境，使学生在CDIO工程教育的全过程中不断提高自学能力、组织沟通能力和团队合作能力。其核心内容包括三个目标、一个愿景、CDIO教学大纲以及CDIO标准。

2. CDIO工程教育模式的理论基础

作为工程教育改革的创新工具，CDIO工程教育模式的框架提供了面向学生的教育，即强调在构思—设计—实施—运行的现实世界系统和产品过程中学习工程的理论和实践，其理论依据如下。

（1）环境与系统理论

环境与系统理论按系统方式的要求，采取由外（环境）而内（系统）的路线。

（2）生命周期理论

构思—设计—实施—运行的生命周期要求教育重在培养能够运用知识或技能对社会产生积极作用的人才。因此，从生命周期理论来看，CDIO工程教育模式这一创新性的改革模式值得我国借鉴。

（3）知行合一理论

知行合一作为一种教学理念，在强调"知"（理论）的同时强调"行"（实践），坚持理论与实际相结合，既要着力于人才培养模式的理论研究、框架谋划、方案制订，又要注重结合实际，强调实用，付诸实践，取得实效。CDIO工程教育模式在强调学生重视学习理论以进行构思与设计的同时，还强调学生的技术技能、实践能力与职业态度等，很好地体现了知行合一的思想。

（4）价值链理论

每一个企业都是在设计、生产、销售、配送和辅助其产品的过程中进行种种活动的集合体，而集合体的所有活动都可以用一个价值链表达。CDIO工程教育模式包含四个阶段，而且与企业内部的价值链相一致。比如，价值链集合体中的设计涵盖了CDIO工程教育模式的前两个阶段，即构思与设计，具体包括定义需求与技术，考虑战略与规章制度，开发概念、构架与商业案例，以及描述将被实现的计划、草案和运算法则。价值链集合体中的生产过程对应于CDIO工程教育模式的第三个阶段——实施，即把设计阶段的计划转化成真正的产品，包括制造、编译、测试和验证。价值链集合体中关于销售、配送和辅助其产品的过程则对应于CDIO工程教育模式的最后一个阶段——运作，即通过产品的实施来达到想要的价值，包括维护、演进、服务等。❶

（二）CDIO工程教育模式的应用

1. CDIO工程教育模式的设计

CDIO工程教育模式的基本设计路径即明确专业培养目标，制定专业培养标准，构建一体化的课程，实施计划教授与学习方法，建立保障与持续反馈改进体系。❷

CDIO工程教育模式的设计要改变传统课程以学科知识为中心的结构，通过项目的形式将课程内容和相关的学习效果融为一体，从而促进课程之间产生知识性的联系，进行一体化课程设计。

CDIO工程教育模式适合设计类课程，适用于对学生创新能力的培养。

2. CDIO课程开发的要求与结构

（1）开发要求

CDIO工程教育模式下的一体化课程计划是一种在整合工程学科知识和专业知识的基础上，实现知识、能力和态度一体化培养的课程设计，其要求是理论

---

❶ 林海斌，叶汝军，高树昱：《CDIO理论基础综述》，商场现代化，2010（13）：189。

❷ 顾佩华，包能胜，康全礼，等：《CDIO在中国（上）》，高等工程教育研究，2012（3）：30-31。

与知识的一体化，知识、能力和态度培养的一体化，专业技能与人文素养培养的一体化。

CDIO工程教育模式下的课程开发，以产品、过程和系统为背景，以设计项目为载体，通过各级设计使学生将学到的理论知识应用于实践，实现工程能力和工程素质的提升，达到专业培养标准。

CDIO工程教育模式下的课程要明确每一门课程的具体要求，而且这个要求只与课程有关，与具体的授课教师无关，任何授课教师都必须严格执行。具体来说，就是进行以课程档案为核心的课程文件详细设计。

课程档案要细化每门课程/环节在专业培养计划中的贡献，并明确课程的性质与目标、学时安排、教学方法、先修课程、后续有关专业课程和教学环节、课程综合记分方法、教科书与参考书，以及重要的学习内容与时间节点等。

CDIO工程教育模式一体化通过工程概念的应用深化应用知识，并强调工程实践中能力的重要性。根据一体化课程设计的原理，CDIO工程教育模式可以通过项目设计将整个课程体系有机而系统地结合起来，使学生需要学习和掌握的所有知识与能力成为一个有机整体。CDIO工程教育模式一体化主要表现为工程设计项目一体化设计、工程实践项目一体化设计、根据课程群设置项目和综合型工程实践项目等。这种课程与课程之间的整合，结合工程实践项目形成相互支撑的结构，很好地将基础知识的学习与能力的培养整合在课程的学习中。

（2）课程结构

一体化课程计划结构包括三个关键组成部分。

①工程导论课程。该门课程设置的目的是为学生提供工程入门经验，激发其学习工程专业的兴趣，使其尽早掌握目标体系中要求的个人能力以及产品、过程和系统构建能力等，并为未来的学习建立一个模式框架。

②学科课程和专业课程。这些课程通常是专业学习的必要核心内容，包括工程专业课程和相关的设计项目。这些课程通过学科交叉和有机融合的方式来展现工程，以全新的结构对课程进行重新组织和排序，实现理论知识，个人能力，产品、过程和系统构建能力的整合。

③毕业环节课程。这是一体化课程计划中的最后一门课程，一般以设计实现项目的形式出现，为学生提供产品、过程或系统的构思、设计、实施、运行经验，要求学生把理论知识运用到实践中去。

3. CDIO工程教育模式的实施

在教学模式改革过程中，首先要对现有的教学模式进行分析，指出其问题和不足，并提出如何在课程教学中实施CDIO工程教育模式，即采用案例教学法、项目教学法、课堂讨论法等，积极发动学生参与教学实践，建立产品为导向的工程价值观和不畏困难的工程师态度。此外，公共课程教学模式也在倡导CDIO理念的渗透与应用，采用此模式的课程，以就业为导向，以"就业课程"为项目，让学生进行构思、设计、实施和运行，提高了其合作与沟通能力，收到了良好效果。❶

因为成果导向教育的课程未要求教师、学生采取固定的教学、学习方式，只强调学生能力的提高（成果），而CDIO工程教育模式提供了具有可操作性的能力培养方法，所以成果导向教育与CDIO工程教育模式能够进行有机的结合。

4. 应用CDIO工程教育模式的注意事项

第一，教师要更新教育观念。更新教育观念，推进教育创新，教师的作用至关重要，这需要学校从中做大量的工作进行引导和推动。尤其是在教师的工作考核上，要建立一套完善的评估标准，激励教师主动参与改革。

第二，围绕一体化思路进行改革。学生培养本身是个系统工程，进行CDIO工程教育模式改革必须站在系统的角度，以一体化改革的思路，围绕专业培养目标合理设置课程，明确课程教学目标和教学内容，规范课程名称；明确课程之间的主次关系、层次关系以及内在联系；明确课程在专业培养中的作用。

第三，培养学生对工程环境的认知能力。学生是教学活动的主体，也是进行CDIO工程教育模式改革的最大受益者，学生对工程环境的认知及工程意识的培养是工程教育改革的核心内容。不同年级的学生应有不同层次的工程认知要求。首先应该培养学生的工程意识和对实际工程的兴趣，了解工程的基本概念，使学生逐渐学会以工程的角度来思考问题和解决问题；其次要鼓励和支持学生通过自身实践培养产品、过程和系统构建能力，学习专业知识和社会经验。

---

❶ 陈冬松：《国际创新型工程教育模式中国化研究述评》，化工高等教育，2010（6）：4-7。

第四，过程管理与量化考核需配套。如何有效地实施过程考核与管理是关系到CDIO工程教育模式改革成败的关键因素，也是一个难点。改革会增加教师的工作量，要想激励广大教师参与，让真正付出辛劳的教师得到认可和回报，让培养学生能力和素质的大纲在教学的各个环节能有效体现而不是流于形式，需要有一套合理有效的过程考核与管理体系。

第五，保障措施需完善。虽然当前高校的教育教学改革在诸多方面都进行了有益尝试，但大多数在根本上都依赖于教师的自觉执行，对教师教学效果的评价、对学生能力提高的界定都难以量化。解决这些问题不仅需要过程管理与量化考核体系，而且需要完善一系列保障措施，使教师的主观能动性得到有效发挥，进而提高教学质量。

四、MES课程模式

（一）MES课程模式概述

1. MES课程模式简介

MES被翻译为"模块式技能培训"，是国际劳工组织于20世纪70年代末80年代初在借鉴德国、瑞典等国的"阶段式培训课程模式"，以及美国、加拿大等国的"模块培训"等先进经验的基础上，运用系统论、信息论和控制论开发出来的典型职业培训课程模式。它是一种以培养学生的职业技能为目标的模块式课程模式，又称"模块式职业技能培训模式"。

MES课程模式以为每个具体职业或岗位建立岗位工作描述表的方式，确定该职业或岗位应该具备的全部职能，再把这些职能划分成各个不同的工作任务，将每项工作任务作为一个模块。该职业或岗位应完成的全部工作就由若干模块组合而成，根据每个模块的实际需要，确定完成该模块工作所需的全部知识和技能，每个单项的知识和技能称为一个学习单元。由此得出该职业或岗位MES培训的模块以及用学习单元表示的培训大纲和培训内容。MES课程模式对每个模块进行操作步骤划分，根据完成每个操作步骤的需要，从认知、动作、态度等方面确定完成该步骤所需的全部知识和技能，然后对每个单项的知识和技能进行完善和规范，以每个单项的知识和技能编写一个小册子的方式，开发出MES培训的专用教材——学习单元。每个模块的培训，就由完成组成该模块的若干个学习单元来实现。

MES课程是针对职业岗位规范进行就业技能培训的模块课程组合方案，其着眼点是通过一个单元模块的学习，使教育者获得社会生产活动所需的实际技能，每个模块都是可以灵活组合的技能与其所需知识相统一的教学单元。MES课程打破了先理论后实践的界限，对教材内容进行分解、调整，以模块为单位划分教学内容，在教学过程中以模块的先后顺序，按其有机组合进行重组，以适应现场实际操作教学的需要。❶

MES课程模式于1987年通过国际劳工组织引入我国。30多年来，我国在推广运用MES课程模式开展技术培训工作方面取得了很好的成绩。MES课程模式具有较强的弹性和个性，学生可以自由地选择不同的模块组合。这种课程模式非常适合进行岗前培训与继续教育，因此，它被广泛应用于各种职业培训机构的课程开发。

2. MES课程模式的主要特点

MES课程模式有以下特点。

①缩短了培训与就业的距离。MES课程模式突破了传统的以学科为系统的培训模式，建立了以职业岗位需求为体系的培训新模式，这就使培训更加贴近生产、贴近实际。

②有助于提高学习效率。MES课程模式有利于学生在学习动机最强烈的时候，选修最感兴趣和最需要的内容。学习兴趣越浓，学习的效果就越好。

③有利于保持学习热情。MES课程模式中的每个模块都比较短小，且有明确的目标，有助于学生看到成功的希望，并使学生在较短的时间内为获得成功而满怀热情地奋斗。

④具有开放性和适应性。MES课程可以通过增删模块或单元来摒弃陈旧的内容和增添新的内容，从而保证了培训内容总体上的时代性和先进性。

⑤具有评估反馈系统，对社会生产和经济的发展有快速反应的能力。

⑥课程适用范围广。MES课程模式由世界劳工组织开发，主要应用在机械、电气、汽修、建筑等专业。

---

❶ 史银志，杨琳：《MES课程模式在高等职业教育教学中的应用研究》，新课程（教研版），2009（5）：93。

（二）MES课程模式的应用

1. MES课程模式的开发步骤

MES课程模式以实用主义哲学为指导思想，遵循"按需施教，学用一致"的原则，按以下操作步骤实施开发。

①进行岗位分析，把岗位划分成模块。每个岗位的工作任务是由若干个部分（程序或工序）组成的，每个部分就是一个模块。

②进行模块分析，把模块划分成若干个单元。每个模块都是由若干项技能组成的，每项技能就是一个学习单元。一个模块有多少项技能就有多少个学习单元。

③开发学习单元，对每个学习单元中的技能与知识进行科学的组合，确定技能训练的内容、标准、要求和方法，设计训练所必需的专业知识和学习要求。

2. 应用MES课程模式的注意事项

应用MES课程模式需要注意以下几个方面。

①教师应该转变传统的思想观念，接受"以学生为中心，以技能为中心"的全新教学理念，努力把传统的以教师为中心的知识灌输式教育，转变为符合认知规律的以学生为主体的发现、探索、建构式学习过程。

②课堂教学中注重学生的个性思维，注重研究性学习模式的引入。在MES课程模式教学中，教师是引导者，学生是具体实施者，要突出学生的个性发展，充分发掘其潜力。

③教学过程中要充分利用现有教学设施，注重培养学生的实际操作能力。

④保证模块教学与课程整体目标一致。对于MES课程模式来讲，教师要弄清每个模块的目标和模块间的联系。这对教师的要求较高，教师要通过不断学习和培训成为双师型人才。

3. 应用MES课程模式的教学优势

（1）有利于弹性选修课的实施

对于学校的"选"，由于模块可以灵活组合，可以解决相对稳定的办学模式与劳动力供求变化的矛盾；对于学生的"选"，由于每个模块相对独立，可以单独考核，使学生能根据自己的特点予以选择，而课程个性化是现代课程的重要特点。此外，模块化也为学习时间上的纵向选课和学习地点的横向选课创造了条件。

（2）有利于教学计划的调整

课程方案设计者通过保留多数模块而开发少数模块的方式，不仅能及时更新教学内容，调整教学计划，以适应科学技术的迅速发展，而且能大幅缩短开发周期。

（3）有利于教材开发资源的合理配置

课程模块化将教材分成通用模块和专用模块，并制定教材评估标准，建立教材评估体制，既能使教材出版有序化，又能提高教材质量，还能降低教材开发成本，有利于教材开发资源的合理配置。

（4）有利于多元整合型课程的推行

各模块相对独立，便于不同功能和性质的模块采用不同课程原则的教育思想，从而有利于多元整合型课程的推行。

（5）有利于提高教育的效率和效益

课程模块化不仅有利于各级职业学校教育课程的衔接，也有利于职业教育与成人教育的衔接，避免受教育者所学内容的重复，提高了教育的效率和效益。

（6）有利于激发学生的学习动机

MES课程每个模块的学习周期短，学生的学习结果可得到及时的评价与反馈，有利于激发学生的学习动机。国外有许多实证研究来支持这一观点。

总之，MES课程模式以生产现场教学为主，以实际操作技能的训练为核心，干什么学什么、缺什么补什么，职业的针对性极强。为了促进知识的有效迁移，在课程编制过程中，一般应将职业能力所需的知识、技能、态度等作为有机整体来考虑，这样才能保证教学质量。MES课程模式的可贵之处还在于创造性地运用"模块组合"的设计思想，把某一职业应具备的能力按国际通用标准分解成若干标准化的单项能力教学模块，可根据教学条件和要求进行自由选择和组合，灵活性好、适应性强、可迁移性高。

第六章　课堂教学评价及其设计

本书所说的课堂教学评价主要是指在一定教育价值观指导下，根据一定的标准，运用现代教育评价的一系列方法和技术，对学生的思想品德、学业成绩、身心素质、情感态度等的发展过程和状况进行价值判断的活动。课堂教学评价同教师的教学和学生的学习息息相关，因此需要基于课堂教学评价进行重点关注，从而提高教师的业绩，使学生更好地参与到学习中。本章将对课堂教学评价的基本理论进行论述，并分析课堂教学评价的过程、方法与主要模式。

第一节　课堂教学评价的基本理论

课堂教学评价是促进学生成长和教师专业发展、提高课堂教学质量的重要手段，是进行各种教育决策的基础。因此，科学有效地进行课堂教学评价成为教育教学的重要组成部分。

一、课堂教学评价的相关概念

教育工作者总是希望通过教学使学生的各方面都朝着积极的方向发展，希望通过教师与学生、学生与学生之间的相互作用，显著地促进每一个学生的发展。虽然学生的发展可能受到学生原有的知识水平、年龄、生活环境及各种经验的影响，但是通过一定的途径与方法确定哪些方面的发展是可以由教学与课程决定的，对于课堂教学研究是十分有必要的。在课堂教学过程中收集有关教师教学行为和学生学习行为的信息，衡量和判断达到教学目标的程度，从而为改进教学提供依据的过程就是课堂教学评价的过程。与课堂教学评价相关的概念如下。

（一）测量

从广义上讲，测量是指根据某些法则与程序，用数字对事物在量上的规定性予以确认和描述的过程，如用秤或天平称物体的质量，或者用温度计测量环境的温度等。美国物理学家史蒂文斯（Stevens）曾说，测量是根据法则给事物赋予数量，即测量是根据一定的法则给事物的属性指派数字或符号的过程。

测量一般包含以下三个要素。一是事物及其属性，即测量的对象或目标。课堂教学评价属于教育评价，所测量的是个体的外显行为或外在表现特性，如学业成绩。但是，这种测量关注的不是行为本身，而是隐含于所测的外显行为之中的个体的潜在特质水平，如学业能力等。所以说，课堂教学评价从本质上讲属于间接测量，因为它关注的是与课堂教学有关的行为背后的心理特质，如教师的教学能力，学生的认知、情感等的发展水平。需要注意的是，这并不意味着课堂教学评价不注重教学行为，相反，只有通过对教与学的行为进行科学有效的测量，才能获得对相应心理品质的推论。二是法则，即测量所依据的规则和方法。法则是测量的关键，如公认的长度单位（卷尺等）和标准化的智力量表等。卷尺可以用来测量物体的长度，标准化的智力量表能够用来测量个体的智力水平。法则的好坏决定了测量的准确程度，不标准的卷尺得到的测量结果也是不准确的，不好的智力量表得到的智力分数也是不能令人信服的。三是数字或符号。数字是代表某一事物或事物某一属性的量，本身具有区分性、等级性等逻辑运算的特征，因此可以用测量所得到的数字来表示事物的类别、大小、多少等。

（二）测验

美国心理学家安妮·安娜斯塔西（Anne Anastasi）认为，测验本质上是对行为样本客观的和标准化的测量。❶

---

❶ 范朝霞，赵广平：《心理测量的发展现状及趋势》，太原师范学院学报（社会科学版），2005（4）：143-145。

首先，行为样本。测量是对事物的属性进行数字标定，如要想知道个体的智商得分，就需要测量个体的智力行为。智力行为有很多，测验作为测量的一种，需要选取有代表性的行为来考察个体在智力领域中的特征。如果从对这些有代表性的行为的测验中能够获得有关个体智力的信息，那么就可以说这些代表性行为样本是很好的测验对象。

其次，标准化。标准化是指测验这种获取事物属性量化特征的方式在编制、实施、计分及分数解释等方面有一套系统的程序。只有这样，测验才有统一的标准，才能使不同人的测验结果具有可比性，才能减少无关因素对测验结果的影响，使之更有效。

最后，客观测量的评价指标。测验测的是行为样本，而行为样本有很多，通过这些样本所获得的测验数值是不完全一样的。如果测验没有实现标准化，那么测验数据就不可信。事实上，仅有程序上的标准化是完全不够的，还需要注意测验工具的一些客观性指标：

①对题目质量的分析，包括难度和区分度，这是筛选题目以构成测验的基础；

②信度，指测验结果的可靠性；

③效度，指测验结果的有效性，这是评价测验质量最重要的指标。

（三）评价

"评价"是一个应用非常广泛的词，泛指衡量、判断人物或事物的价值。评价的过程是对人物或事物的价值进行分析、衡量和判断的过程，一般包括事实判断和价值判断两个环节。无论是事实判断还是价值判断，都需要以事实为依据，通过多方面的资料收集，对人物或事物的价值进行评判。

对于教育评价的定义有以下几种：一是着眼于信息，强调通过评价收集信息，为教育决策服务；二是着眼于方法，强调评价是成绩考查或调查的方法；三是着眼于效果，强调通过评价判断教育目标或教育计划的实现程度；四是着眼于过程，强调评价是信息收集的过程、提供决策依据的过程、判断效果的过程、教育优化的过程以及价值判断的过程等；五是强调价值，强调教育评价的关键在于价值判断。[1]尽管教育评价的定义有很多，但是国内将教育评价

---

[1]　刘本固：《教育评价的理论与实践》，杭州：浙江教育出版社，2000：55。

的定义窄化，认为教育评价是对学生（受教育对象）的发展变化及其相关因素的价值分析和价值判断。在对学生的发展变化进行价值判断的过程中，测量和测验是获取量化信息最重要的手段，因此教育评价的内容通常与教育测量相生相伴。

课堂教学评价是与课堂教学有关的测量与评价的总称，是指为促进学生学习、改善教师教学而对学生的学习过程与结果、教师的教学所进行的测量和评价。在实际应用过程中，对教师的测量评价和对学生的测量评价通常会相互包含，如那些测量和评价教师课堂教学的工作通常也会包含对学生学习结果的测量和评价。

二、课堂教学评价与教学过程、师生发展的关系

（一）课堂教学评价与教学过程的关系

教学过程是帮助学生达到一系列既定教学目标的过程，而课堂教学评价是教学过程的有机组成部分，具体体现在以下几个方面。

1. 教学前评价

教学前评价既可以是一节课开始之前的评价，又可以是一个教学单元甚至一门课开始之前的评价。教学前评价的主要目的是了解学生的学习准备情况，是进行教学活动的基础，直接关系到教学目标的达成。教学前评价的难度通常较低，评价的内容也限定在学习必备的最基本知识和技能上。

2. 教学中评价

教学中评价即形成性评价，是在教育教学过程中，为使教师的专业水平继续提高，使教师不断获得反馈信息，从而改进教学而进行的系统性评价。教学中评价是在教育教学活动中进行的，目的是找出工作中的不足，为教师不断改进教学提供依据。教学中评价主要用于监测学习效果，检测学习中的问题，并为学生和教师提供反馈，是监控学生学习进展最重要的手段，也是实现进一步教学的基础。通常情况下，教学中评价涵盖了全部教学内容，如某一章的知识点和技能点，这就使得教学中评价在实际应用中的内容比较狭窄。对于那些在教学中评价中表现不佳的学生，必须采用诊断性评价来确定问题所在，从而为

学生的发展提供有价值的建议。

3. 教学结束时的评价

当一个教学阶段（如教学单元或一门课程）结束时，要想知道学生的学习成果是否能够达到本阶段的学习要求，就必须采用相应的评价手段，即教学结束时的评价。教学结束时的评价是在教学中经常采用的一种评价方式。

4. 总结性评价

总结性评价又称"事后评价"，一般是在某一相对完整的教育阶段结束后对整个教育目标的实现程度做出的评价。它以预先设定的教育目标为基准，考查学生达到目标的程度。总结性评价的次数比较少，在一学期或一学年中一般只进行两三次，通常在学期或学年结束时进行。期中、期末考查或考试以及毕业会考等均属总结性评价。总结性评价的首要目的是评定学生的成绩，或提供关于某个教学方案是否有效的证明。总结性评价有三个基本特点：一是总结性评价是对学生在某门课程或课程的某个重要部分所取得的较大成果进行全面的确定，以便对学生成绩予以评定或为安置学生提供依据；二是总结性评价着眼于学生对某门课程整体内容的掌握，注重测量学生达到该课程教学目标的程度，因此进行总结性评价的次数不多；三是总结性评价的概括性水平一般较高，考试或测验内容涵盖的范围较广，而且每个题目都包括许多构成该课题的基本知识和能力。

（二）课堂教学评价与师生发展的关系

课堂教学与师生发展的关系主要体现在两个方面。

首先，课堂教学评价可以反映教师的专业素养和能力。在教育教学的过程中，教师需要做出一系列的判断和决策，对学生的性向能力趋向、学习成就、态度、价值观、学业潜能等进行全面和深入的了解。这就需要教师采用相应的教学评价手段和技术。对于教师而言，掌握课堂教学评价的方法和技术有助于判断学生的优势和不足，了解学生现有的能力水平以及学生的学习准备情况，为进行有针对性的指导提供帮助；监控学生的发展，即判断学生是否取得了预期的进步，从而为是否进行教学调整提供信息，这对于学生的发展而言是相当重要的；根据学生在评价中的表现来评估教师自己的教学，帮助教师决定是坚持现行教学方案还是对现行方案进行修订和调整。

其次，课堂教学评价能够促进教师和学生的发展。对于教师而言，课堂教学评价能够促使教师树立正确的教学观念，形成正确的教学行为。课堂教学评价整合了有关教与学和师生发展的新的理论成果，能够促使教师不断反思自己的课堂教学，并使教师在反思中变革自己的教学理念，形成正确的课堂教学行为，从而不断提高课堂教学水平；能够真正确立学生在课堂教学中的主体地位，间接影响学生在课堂上的积极性，形成良好的教学氛围和师生互动关系，从而使学生更好地学习，得到更好的发展。

三、课堂教学评价的理论基础

课堂教学评价包含教与学两个方面，涉及教学过程与教学结果两个维度，其理论基础主要包括以下四个方面。

（一）目标理论

目标理论包括美国课程理论专家拉尔夫·泰勒（Ralph W. Tyler）的行为目标模式和美国著名心理学家本杰明·布卢姆（Benjamin Bloom）的目标分类模式。

行为目标模式是20世纪30年代由泰勒提出的，也称为"泰勒模式"。❶这种理论强调把学生的行为目标作为评价的主要依据，用可以进行观察、测验的学生的行为来表示教育方案、计划所达到的目标，认为评价就是判断教育活动实际达到目标的程度，找出教育活动偏离目标的程度，通过信息反馈使教育活动尽可能地达到目标。

目标分类模式是20世纪50年代由布卢姆提出的。该理论认为，教育目标是教育教学评价的基础，从整体上可以分为认知领域目标、情感领域目标和动作技能领域目标，其中最为成熟的是认知领域目标。同时，每个目标的实现过程都有相应的目标系列。该目标理论的提出，实际上解决了在教育和教学评价中"测什么"的问题，并在学术界引起了很大的反响。

（二）多元智力理论

多元智力理论是由美国著名教育心理学家霍华德·加德纳（Howard Gardner）

---

❶　一帆：《教育评价的泰勒模式》，教育测量与评价（理论版），2012（8）：37。

于1983年提出的。他认为，人的智力结构至少由七种智力要素组成，即语言智力、数理逻辑智力、空间智力、身体运动智力、音乐智力、人际交往智力和自我认识智力。多元智力理论本身具有多元性、文化性、差异性、实践性、开发性等特征，给教育教学评价带来了新的思维方式。从评价的角度来说，多元智力理论认为个体具有不同水平的智力及其组合形式，如果给予个体适当的教育，每个人都能发挥自己的优势智力，并带动其他智力同步发展。也就是说，不存在智力水平高低的问题，只存在智力类型和学习类型差异的问题。因此，对学生的评价应由关注"学生的智商有多高"转为关注"学生的智力类型是什么"。从评价目的的角度来说，传统的教学评价以预定的教育目标为中心来进行设计、组织和评价，目的在于对学生进行选拔和鉴别，而多元智力理论关注的是学生的智力特点及其发展状况；从评价特征的角度来说，教学评价的多元化不仅体现为评价内容的多元化，还体现为评价主体、评价方式等因素的多元化。

（三）替代性评价

替代性评价兴起于20世纪90年代的美国。替代性评价之所以得名，是因为这种评价是传统纸笔标准化测验的一种替代方式。由于多数替代性评价任务都比较接近真实的生活，替代性评价又称为"真实性评价""表现性评价"等。传统的学生评价采用纸笔测验或标准化测验的方式进行，更多的是考查学生对知识的获取能力而非应用能力。随着教育实践理论的发展，人们发现实际操作、解决问题的能力更为重要，因此替代性评价成为评价学生实际操作能力和解决问题能力的重要方式。替代性评价被认为是对学生运用先前所获得的知识解决新异问题或完成特定任务的能力进行测量的一系列尝试，具体来说就是运用真实的生活或模拟的评价练习来引发最初的反应，由高水平评定者按照一定的标准进行直接的观察评判。替代性评价的形式主要包括书面报告、作文、演说、操作、实验、资料收集、作品展示等。

替代性评价具有六个特点。

①评价时要求学生演示、创造、制作或动手做某事。

②要求激发学生高水准的思维能力和解题技能。

③使用有意义的教学活动作为评价任务。

④唤起真实情境的运用。

⑤人工评分、人工评判，而不是机器评分。

⑥要求教师在教学和评价中担任新的角色。❶

（四）有效教学理论

有效教学理论的目的是改善课堂教学效果，并由此对教师的行为特征进行系统研究。

美国亚利桑那州立大学教育学教授戴维·C.伯利纳（David C. Berliner）等通过对阅读和数学教学的研究，提出了有效的教学行为和无效的教学行为的理论。其中，有效的教学行为包括教师建设性地对学生的情绪和态度做出公开的言语或非言语的反应；教师认真听学生在讲什么、谈什么；教师给学生某种指导或警告，并且说到做到；教师对所教的学科充满信心，并显示出对此学科的驾驭能力；教师检查学生的学习进度，并根据检查结果调整自己的教学工作；教师在教学过程中表现出一种积极的、令人愉快的、乐观的态度和情绪；教师能够充分有效地利用课堂上出现的迹象预测意外事件；教师鼓励学生认真做好课堂作业，并对学生课堂作业负责。无效的教学行为包括教师突然改变教学程序，如从教学转向课堂纪律管理；教师当众训斥学生；教师为了打发空余时间，让学生在课堂上做一些无用的作业；教师在课堂上不是为了达到明确的教学目标，而是要表现自己。❷

基于有效教学理论，美国著名教学研究专家纳撒尼尔·李·盖奇（Nathaniel Lees Gage）等提出了四类课堂教学评价中需要重点关注的教师行为。

第一，组织。组织是指教师对课堂教学的组织，它与保持学生的注意、维护正常的教学秩序及信息传递的效果有关。其作用在于发出信号以引起学生注意，并提示某些教学内容的组织结构和线索。

第二，提问。提问与学生的学习直接相关，它一方面能够唤起学生已有知识经验中与当前学习有关的内容，使新旧知识产生联系；另一方面有助于引起学生的注意，激活学生的思维，促使学生积极思考并调动已经掌握的知识技能。

---

❶ 蔡永红：《当代美国另类评量的改革》，比较教育研究，2000（2）：18-22。

❷ 柳夕浪：《课堂教学临床指导》，北京：人民教育出版社，1998：18-20。

第三，探究。探究是指教师的教学活动有一定的探索性和发现性，有助于保持由组织、提问所引起的学习准备，有助于学生对信息材料等进行智慧加工，并通过这一加工过程真正理解和掌握知识以及进行智慧活动的技能。

第四，奖励。奖励是指在课堂教学中用语言或非语言的形式对学生的学习活动或学生所提出的观点和看法给予肯定性的鼓励。学生在学习活动中受到奖励后，其智慧活动就会比较持久，学习效率也比较高。❶

第二节　课堂教学评价的过程与方法

随着教育课程改革的逐步深入，有效的课堂教学日益重要，而课堂教学中的教学评价可起到催化剂的作用。教师在进行课堂教学评价时，要注意课堂教学评价方式要具有灵活性，课堂教学评价过程要具有全面性。教师只有选择了恰当的评价方式和过程，才能激发学生的学习兴趣，才能取得良好的教学效果。

一、课堂教学评价的过程

一般情况下，课堂教学评价可以分为以下三个阶段。

（一）准备阶段

准备阶段主要就"为什么评价""谁来评价"和"评价什么"等问题进行准备。这一阶段的主要工作包括组织准备、人员准备、方案准备以及评价者和被评价者的心理准备等。组织准备主要包括成立专门的评价领导小组或组建评价工作小组。人员准备主要是指组织与评价有关的人员学习评价理论和有关文件，做好评价工作的知识与技能储备。方案准备主要是指评价的组织者根据课堂教学评价的目标，在课堂教学评价实施前拟定有关课堂教学评价的内容、范围、方法、手段、程序和预期结果的纲领性文件。在准备阶段，评价者和被评价者会出现诸如晕轮效应、成见效应、应付心理、焦虑心理等一系列的心理现

---

❶ 刘要悟：《教学评价基本问题研究》，兰州：甘肃文化出版社，1997：155-159。

象，这些心理现象不仅会影响评价者与被评价者之间的关系，而且会影响评价的信度和效度，因此需要对这些心理现象进行有效的调控。

方案准备是准备阶段的中心工作。准备的方案通常应具有以下几方面的特性。

第一，以评价标准为核心。评价标准一般包含评价的指标体系及其评定标准。评价标准的科学性和有效性决定了评价结果的信度和效度，因此在编制评价标准时，要以相应的调查为基础，通过严格论证、专家评判、实验修正，最大限度地提高评价标准的质量。

第二，以评价程序的科学性、规范性和可操作性为根本。评价工作的科学性、规范性和可操作性是指评价活动的指导理论以及评价过程中所采用的方法科学，评价运行程序规范，而且整个评价程序能得出明确的结论。

评价方案通常包括评价目的、评价对象、评价标准、评价方法、实施期限、评价报告完成的时间、评价报告接受的单位部门或个人、经费预算等内容。

（二）实施阶段

实施阶段是课堂教学评价活动的中心环节，这个阶段的主要任务是运用各种评价方法和技术收集各种评价信息，并在整理评价信息的基础上做出价值判断，同时对评价者和被评价者的心理进行调控，以保证评价工作顺利进行。

1. 收集评价信息

根据先前制定的评价方案，利用相应的评价方法、手段、工具、仪器收集需要的评价信息。评价工具非常重要，包括评价表、量表、问卷等，它们的科学性会直接影响信息收集的有效性。

收集评价信息应做到以下几点。

①要收集足够数量的信息。只有收集到足够数量的信息，才能做出真实的评价。

②要全面收集信息。任何事物都有自身的系统，而系统的事物都是由多因素构成的，因此如果收集的信息不够全面，就不能做出准确的判断，如同只看升学率不能全面反映一个学校的办学情况一样。

③收集的信息要有代表性。限于时间和精力，要收集一个评价对象的全部信息是不可能的，因此要收集具有代表性的、能真正反映本质属性的信息。

收集评价信息常见的方法主要有以下几种。

①观察法。观察法是收集教育评价信息的基本方法，它是有目的、有计划地按照评价标准的要求，对评价对象进行观察，以获取信息的一种方法。根据观察地点和组织条件，观察法可分为自然观察法和实验观察法。自然观察法是指在自然状态下对评价对象进行观察的方法，实验观察法是指在控制条件下有选择地对评价对象进行观察的方法。

②调查法。调查法是间接了解评价对象的一种重要的评价方法。当要收集的评价对象的信息范围较广、花费时间较长、不宜直接观察时，就可以使用这种方法。调查法有谈话法、问卷法、汇报法三种类型，通过与评价对象谈话收集信息的方法叫作谈话法；通过设计问卷向评价对象了解信息的方法叫作问卷法；通过书面汇报获取评价信息的方法叫作汇报法。

③文献资料法。文献资料法是通过书面材料获取评价信息的方法。例如，在评价教师的教学业务情况时，可以通过审阅教师的作业本批改、教师总结、发表的论文等途径收集有关教师业务情况的信息。

2. 整理评价信息

为使评价信息有效地发挥作用，需要对已经收集到的评价信息进行汇总整理。整理评价信息主要是对收集的全部评价信息进行反复核实，对评价信息的全面性、准确性、适应性以及收集方法的可靠性进行认真检查、分析和整理，以便为评价所用。

整理评价信息的一般步骤和要求如下。

①归集：归集即对评价信息的来源、获取信息的方法、信息适用的指标进行逐一登记，其形式一般是文字、表格、录音、录像等。在进行资料归集时，要先编制归集提纲，然后按提纲归集。

②审核：审核即对评价信息去伪存真、去粗取精、查漏补缺，包括审核信息的完整性和准确性，以及获取信息方法的适切性。通过审核原始数据，核实各种记录是否出现偏差和谬误，可以保证资料的真实、有效、完整，为进一步汇总、分析奠定基础。

③建档：评价信息经过归集和审核后，会以文字、数据以及录音、录像等形式呈现。

对于以文字形式呈现的评价信息，要按不同类别，将信息资料装入档案袋并登记编号，立卷建档；对于以数据形式呈现的评价信息，应以归类列表存档。对于以录音、录像等形式呈现的评价信息，应输入电脑归类保存。已建档的评价信息资料应统一保管，以便分析、评价时使用。

3. 分析处理评价信息，做出综合评价

综合评价要求评价者根据汇总的评价结果，对评价对象做出准确、客观的定量或定性的评价结论，形成评价意见。必要时，可对评价对象做出优劣程度的区分，或得出是否达到应有标准的结论。

①定量评价。定量评价是指根据预先设定好的评价内容，采用一定的数学方法收集和整理数据资料，对被评价者做出定量结论的评价。例如，在对一个教学班学生的学习状况进行评价时，需要先确定学生的学科学习为评价内容，然后收集学生的考试分数，以统计的方法检验学生成绩的优劣。

②定性评价。定性评价是指不采用教学的方法，而是根据评价者平时的表现、现实的状态或对文献资料的观察和分析，直接对被评价者做出定性结论的价值判断。

传统的教学评价侧重于学生掌握知识的数量和程度，因此大多使用定量评价，即搜集学生练习、测验、考试、作业及课堂口头回答问题的成绩数据，然后运用数理统计、多元分析等数学方法进行处理，提取出规律性的结论，如学生学习成绩多呈正态分布，方差值表明了评价群体中每一成员偏离教学目标的程度等。在现代教学评价中，因为评价的标准从知识转向了学习能力，包括学习动机、兴趣等非智力因素，而这些因素多用自然语言加以描述，很难用数字精确地表示出来，所以多采用定性评价，评价的结果也是没有量化的描述性的资料。

在进行综合评价的过程中，应注意几个问题：

首先，要掌握评价标准及其具体要求；

其次，评价者应该使用事先规定的计量或其他方法来处理评价信息，而且在评价结果中要给出明确的分数、等级或定性描述等评价意见；

最后，在条件许可的情况下，应该对评价者的测量或观察结果进行认定、复核。

（三）评价结果的处理与反馈阶段

评价结果的处理和反馈通常包括以下几个方面的内容。

1. 评价结果的检验

对于评价结果的检验，一方面要检查评价程序的每个步骤，看其是否全面、准确地实施了评价方案；另一方面要运用统计检验方法，对评价结果进行统计检验。

2. 分析诊断问题

评价的目的不是简单地对被评价者进行等级分类，而是为了有效地促进课堂中的教与学，因此需要对所收集的资料进行细致分析，并对被评价者的优劣状况进行系统评论，帮助评价对象找出存在的问题以及问题的症结所在。

3. 撰写评价报告

评价报告一般包括三大部分，即封面、正文和附件。

封面应提供下列信息：评价方案的题目、评价者的姓名、评价报告接受者的姓名、评价方案实施和完成的时间、完成报告的日期等。

正文则包括以下五个部分。

①概要。概要是对评价报告的简要综述，解释了为什么要进行评价，并且列举出了主要结论和建议。

②评价方案的背景信息。它主要介绍评价方案是如何产生的，重点叙述评价标准的编制过程及其理论依据。

③评价方案实施过程的描述。它主要叙述评价过程，即收集信息和处理信息的过程。

④结果。它介绍了收集到的各种与评价有关的信息，包括数据和记录的事件、证据等，以及处理这些信息所得到的结果。

⑤结论与建议。它包括推翻评价结果、得出结论、提出建议。

附件一般在正文下空一行标示，附件名称后不加标点符号，如有序号，一般使用阿拉伯数字，如附件1、附件2。附件主要包括调查问卷、访谈提纲、数据来源说明、相关的数据图表等。

4. 反馈评价结果

反馈评价结果是指把评价结果返回给评价对象或上级主管部门，以引导、激励评价对象不断改进、完善自己，同时为教师或教育管理机构提供决策依据。反馈评价结果的方式有多种，如个别交谈、汇报会、座谈会、书面报告等。

二、课堂教学评价的方法

课堂教学评价的方法有很多，主要包括以下几种。

（一）随堂听课

随堂听课是获取课堂教学信息的重要途径，采用随堂听课的方法进行课堂教学评价，通常需要做好以下几个方面的工作。

1. 事先准备

一方面，评价者与被评价者就时间、地点、方式、观察重点等事项进行事先约定；另一方面，被评价者需要在听课之前了解所听课的教学内容、教学目标、教学设计等，合理确定听课的重点。此外，事先的沟通也有助于消除被评价者的焦虑心理，让其能够尽量保持自然状态。

2. 课堂观察

课堂观察是指评价者带着明确的目的，凭借自身感官及有关辅助工具（观察表、录音设备、录像设备），直接（或间接）从课堂上收集资料，并依据资料进行相应评价。课堂观察是收集资料、分析教学实施的有效性、了解教学与学习行为的基本途径。

课堂观察的内容包括师生交往的方式，教师提问的次数和问题类型以及学生对问题的反应，教学过程的开放性和探索性，教室的空间布局、班级规模等因素对学生认知、情感、态度和行为的影响。课堂观察的技术方法和手段主要有课堂教学录像、录音，以时间标识进行选择性课堂实录，座位表法，提问技巧水平检核表，弗兰德斯语言互动分类表，学习动机问卷调查和访谈，学习效果的后测分析等。

课堂观察可以分为全过程观察和重点观察。前者是指在观察过程中，评价者不放过任何一个细节，对一些特殊行为保持高度的敏感，并对这些行为进行及时的记录和分析。这一类观察的难度通常较大，要求评价者有熟练的观察技能和丰富的观察经验。重点观察则是指根据事先确定的观察重点，有针对性地进行观察和记录。在观察过程中，评价者往往会借助一些事先准备的观察工具。重点观察还包括在随堂听课中有意识地围绕事先与教师拟定的评价重点（如重点学生、重点事件等）进行观察。

3. 课堂记录

课堂记录是随着课堂观察进行的，通常有两种方式：一是利用事先选择或研制的观察工具进行记录，如弗兰德斯的相互作用分析系统等；二是描述记录法，需要尽可能地把看到的和听到的所有内容都完整地记录下来，即进行课堂教学实录。当然，评价者也可以有重点地进行记录。在记录过程中，评价者还要注意对一些非预期事件的记录，因为这些事件及其处理往往能够更清楚地反映被评价者的行为动因。

4. 课堂快速调查

常用的课堂快速调查法主要有两类：一是简单测试题，可以了解学生的学习接受情况；二是微型问卷调查，即向学生询问一些简单的问题，如"你今天上课举了几次手？""你愿意在课堂上进行小组学习吗？""老师讲的课都能听懂吗？""你对这堂课满意吗？"等。

5. 评价结果的反馈

评价结果的反馈往往以课后讨论的形式出现，其主要方法是评价面谈。一般来说，评价面谈包括以下五个步骤。

①明确评价面谈的目的，有助于消除被评价者的顾虑，让其能够畅所欲言。

②让被评价者对照评价标准进行自我评价。

③评价者根据听课记录指出被评价者的优点和不足，依据评价标准进行初步评价，提出改进的意见。

④在被评价者了解评价者所做的评价和建议的基础上，就双方存在的分歧展开讨论。

⑤在双方达成共识后，提出对课堂教学的要求。

（二）量表评价法

量表评价法是指通过编制评价量表来对课堂教学进行评价的方法。量表中的指标或指标体系是在课堂教学评价中使用量表评价法的基础。指标是指具体的、行为化的、可测量或可观察的评价内容，即根据可测或可观察的要求而确定的评价内容。

1. 评价指标体系设计的程序和技术

评价指标体系设计的基本程序通常包括以下三个阶段。

①发散阶段，这一阶段的主要任务是分解教育目标，提出详尽的初拟指标。在这个阶段通常可以采用头脑风暴法和因素分解法。前者是指在专家会议中各抒己见，即席发言，初拟评价指标。后者是指将评价指标按照评价对象本身的逻辑结构逐级进行分解，把分解出来的主要因素作为评价指标。需要注意的是，在分解的过程中需要使用统一的分解原则，而且分解出来的指标在上下层次之间应该相互照应，按照由高到低的层次逐级分解。

②收敛阶段，即对初拟指标体系进行适当的归并和筛选。这个过程可以采用经验法、调查统计法和模糊聚类法，同时应该注意指标应具有重要性、独立性，应能反映被评价对象的本质属性。

③实验修订，即选择适当的评价对象进行小范围的实验，并根据实验的结果，对评价的指标体系及评定标准进行修订。

2. 指标权重的确定

权重是指根据各组成指标在指标体系中的重要性和作用赋予各组成指标的数值，代表了评价指标的重要程度。

确定指标权重可以采用关键特征调查法、两两比较法、专家评判平均法和倍数比较法。关键特征调查法是指请被调查者从所提供的备选指标中找出最关键、最有特征的指标，对指标进行筛选，并求出其权重的方法。两两比较法是指对指标进行逐对比较并加以评分，然后分别计算各指标得分的总和。专家评判平均法是指请专家评判已经确定的指标的重要性，然后将专家评判结果的平均数作为各指标的权重。倍数比较法是指对已确定的指标，将每一级指标中重要程度最低的指标作为基础，计为1，然后将其他指标与之相比，做出重要程度是基础的多少倍的判断，再经归一化处理获得该级指标的权重。

（三）标准化测验

标准化测验是一种非常有效的评价方式，其基本程序如下。

1. 明确测验目标

只有明确测验目标，才能保证测验的有效性，避免盲目性。测验目标就是教育目标，是教、学、评、督、考的共同依据。

2. 确定测验内容

测验内容通常是在内容抽样和测验目标的基础上形成的，一般由双向细目表来确定测验内容中所涉及的每一内容范围的相对比例、测验目标中每一层次目标的相对比重、每一测验目标层次在每一测验内容范围上的相对比重。双向细目表通常由测验目标、测验内容和权重构成。

在确定测验内容时，要遵循以下原则。

①测验内容要适合测验目的。

②测验内容要能够代表教材的全部内容。

③测验内容要有普遍性。

④测验内容要适合学生的能力并能鉴别学生的学习水平。

⑤测验内容要能激发学生的进取心。

3. 测验设计

测验设计主要包括以下几方面的工作。

①测验形式的确定。

②测验题目形式的确定，主要有主观题和客观题两种类型。

③测验具体题型的确定与题目编制，即确定主观题和客观题的具体形式并进行相应的题目编制。

④测验题目的确定。

⑤测验时间的确定。

⑥测验题目的编排。

4. 测验的技术分析与鉴定

测验的技术分析与鉴定主要包括三个程序。

①编写复本与进行预测。前者是重要考试的必要步骤；后者则是希望获取考生的信息，作为测验定量分析的依据。

②测验的质量分析，主要包括定量和定性两类分析。

③测验的标准化。在标准化测验中，不同的题型有不同的应用和设计技巧。

第三节　课堂教学评价的主要模式

课堂教学评价的主要模式一般都会描述学生的优缺点，提出改进建议，并肯定学生的未来，让学生对自己有一定的信心。

一、学业成就评价

学业成就是学生在学校教育中的主要成果，也是学生发展的重要目标。因此，对学业成就的评价成为课堂教学评价的重要内容。只有运用科学的学业成就评价方法，教师才能真正了解学生学习的真实情况，才能了解是否达到了预期的教学目的，并明确教学中可能存在的问题，以便在以后的教学中不断改进，进一步激发学生学习的积极性和主动性。

（一）学业成就评价的含义

学业成就评价是指在一定学习时段进行的对学生所获得的学习结果的测量与评价。它所评价的内容相对明确，有利于教师发现教学中存在的问题，以改进教学，提高教学质量，促使学生更好地掌握知识，并能适时地进行应用和迁移。学生学业成就评价已成为教育教学过程中一个不可缺少的重要环节，是衡量教师教得如何和学生学得如何的重要标志。

学业成就评价主要有传统评价和替代性评价两种方式。其中，传统评价是指那些主要采用纸笔测试方法对学生在一定学习时段的学习成效进行的测量和评价。

（二）学业成就评价的特点

学业成就评价有以下特点。

①评价内容范围的明确性。学业成就评价涉及学生特定的知识和学习经验，而且一般以阶段性的学习时间为准，所评价的知识内容也是在这一阶段性学习时间内获得的，是对学生阶段性学习结果的测量与评价。

②评价的内容可反映学生对该内容的掌握程度，具有一定的代表性。评价的内容应与测验的目的和教学目标相一致，而且应具有一定的代表性和切实性，能够鉴别出学生的学习水平，激发学生的学习积极性。

③评价条件具有同一性。在评价过程中，各个学生所测试的内容材料都相同，而且有统一的时间限制和相同的指导语，都是评价学生在一定学习时段对知识或技能的掌握程度，确保评价的客观公正性。

④评价方法相对成熟。学业成就评价的方法在理论上已得到了相当的完善和丰富，种类较为全面，在教育实践中的应用也十分广泛和深入，并取得了相当大的成果，为教育评价的发展做出了重要贡献。

（三）学业成就评价的设计原则

无论是标准化测验还是教师自编测验，都侧重于书写测验，即纸笔测验，它们包含的试题类型也大致相同。为了更好地对学生的学业成就进行评价，提高评价的有效性和针对性，在采用纸笔测验时应遵循以下设计原则。

第一，试题的分布必须依据双向细目表，而且题目陈述的内容要有一定的代表性。对于测验编制者而言，细目表就像是"蓝图"，它详细地说明了测验试题的数目、内容和性质，可以作为编制试题的指导。因此，在试题的编制过程中，试题的分布必须符合双向细目表的要求，而且试题陈述的内容要具有一定的代表性，只有这样才能编制出科学合理的测验。

第二，试题的陈述应清晰、明了，避免使用含混不清的表达。在测验中，试题的陈述要清楚、明了，不能含糊其词。不清楚的陈述会使学生停留在理解题意上而不能做出正确的回答，影响对学生学业成就的正确评价，无法达到评价的最终目的。

第三，试题的陈述要简明扼要、突出重点。试题的遣词造句要明确，问题叙述要完整，且重点突出，这样有利于学生正确作答，提高作答的效率，否则学生会在解题上花费过多的时间。

第四，试题所使用的材料应切合教学目标且符合学生现有的身心特征。试题中所涉及的知识内容应符合学生的身心发展特征，并切合教学的目标；试题所使用的指导语、试题的类型、作答方式等都应符合学生的现有发展水平，不要让学生因看不懂题目而不会作答。

第五，试题的指导语应明确。指导语包含对测验目的的说明和对作答、施测的指示。因此，试题的指导语应清晰、明确地指出对学生作答的要求、时间的限制等，避免让学生盲目作答，从而提高测验的效率，达到正确评价学生学业成就的目的。

第六，答案必须是科学的，应避免有争议的答案。试题编制应严密，保证答案的公认性，不能存在歧义或争议。

第七，各类试题应是相互独立的，在内容上不应有重叠。在测验中，各试题应兼顾教学目标的具体要求，在内容上也不应有重叠，只有这样的试题才能反映出所要评价的学生各方面的层次，从而为学业成就的评价提供正确的依据。

第八，试题陈述中避免提供暗示性的语句。试题应清楚、确切，题目中不能潜藏着答题的线索，应避免具有暗示性的特殊字词。这些暗示性的字词很容易被学生当作线索来猜题，从而使学生的作答受到影响，影响对学生的正确评价。

第九，试题应具有良好的鉴别力，利于教师正确评价学生。试题应具有良好的鉴别力，具有分辨、筛选、诊断和评鉴的功能，以达到正确评价学生学业成就的目的。

（四）学业成就评价的意义

学业成就评价对教师做好教育教学工作、提高教学水平和教育质量具有重要的意义。

1. 有利于评价学生的学习结果

学生学业成就评价可以了解被评价学生的学习结果，使教师了解每个学生的学习状况，诊断学生在知识掌握和能力发展上的不足及存在的问题。

2. 有利于对教师的教学提供有效的反馈信息

通过学业成就评价，教师可以发现自己教学中存在的问题，有利于教师改进教学方法，调整教学计划和内容。此外，通过学业成就评价，也可以评定教学目标的完成情况和学生对知识的综合运用及迁移能力，为制定新的教育目标提供有效的依据，从而增强教学的实效性。

3. 有利于激发学生的学习动机

学业成就能使学生更好地了解自己，进行自我评价，找出自己学习中的薄弱环节，调整和改进学习方法，为自己确定新的努力目标。

4. 有利于推动教学改革

通过学业成就评价，教师能不断总结教育教学经验，改进教学方法，增强教学的实效性，为教学方法和教材的改革提供一定的实践材料，从而推动教学改革。

二、复杂成就评价

客观性的评价题型虽然对评价很重要，但它们大多数只能评价学生较低层次的认知目标和能力，难以胜任对学生较复杂或较高层次的学业成就的评价。而复杂成就评价可以对学生较高层次的学业成就进行评价，从而增强课堂教学评价的有效性，促进学生对所学知识的应用和迁移。

（一）解释性练习

1. 解释性练习的含义及使用

解释性练习又称"归类学习""答案分类题"或"万能列表题"，是由一系列基于同一资料的客观题目组成的。解释性练习通常会给学生一篇导论性材料，要求学生根据该文章提供或隐含的信息，对一连串事先编制好的问题作答，这些问题常以题组的形式呈现。导论性材料也可称为"背景材料"，它可以叙述性文字、图表、公式、符号、模拟的情境等形式呈现。

解释性练习的题型多样，它可以与客观性测验中的任一题型相组合，不过大多是以选择题或是非题的形式呈现的。解释性练习不仅能测量客观性评价所能评价的认知能力，也能测量学生的理解和推理能力、问题解决能力以及创造性等。

解释性练习的质量取决于教师所选择的导论性材料。只有选择适当的导论性材料，才能综合各类型试题的命题原则，以不同的方式、从不同的角度来编制高质量的解释性练习。

2. 解释性练习的优点及不足

解释性练习具有以下优点。

①可以测量学生较复杂的学习结果，也可诊断学生过程性的学习。

②题型多样，可与前述各类题型结合，组成不同种类的解释性习题。

③背景性或导论性材料的使用，为学生的回答及对其评分提供了相同的标准和前提。

④解释性试题如同选择性试题一样，评分较容易、客观、可靠。

解释性练习具有以下不足。

①切合的背景性或导论性材料难找，编制有独创性的解释性习题比较费时。

②由于这一题型是以背景性或导论性的材料为前提的，这就要求学生必须具备相应的阅读理解能力，因此，此类题型不适合于对低龄学生的评价。

③背景性或导论性材料的提供也为学生作答提供了线索、思路。

④虽然解释性练习能评价较高层次的认知能力，但难以对学生的创造性、语言组织及表达能力进行很好的评价。

（二）论述题

1. 论述题的含义及使用

论述题是复杂成就评价最常用的方式。

论述题是指向被试者（学生）提出问题，要求他们根据问题的要求，自己组织语言来呈现答案的试题。论述题允许学生根据试题的要求自由作答。学生的回答可以是一个简明、扼要的答案，也可以是学生对所提问题进行深层次的思考，并充分陈述自己的观点。根据学生陈述己见的自由发挥程度，论述题可以分为两类，即限制性反应论述题和扩展性反应论述题。

论述题的使用及评分如下。

（1）限制性反应论述题的使用及评分

限制性反应论述题适用于以下几种情况。

①教学目标要求学生能够呈现知识，而不是再认知识。

②需要测查的内容相对较少。如果有30个学生，设计一个由六道限制性反应论述题组成的测验将会花费大量时间。此时，可以选用几道限制性反应论述题，并与客观题目结合起来使用。

③需要考虑测验的安全性。如果担心学生很容易抄袭选择题目的答案，可以选择限制性反应论述题。通常情况下，编制一个限制性反应论述题比编制一个客观题目能节省更多的时间。

在对限制性反应论述题进行评分时，大多是教师事先列出参考答案，然后根据学生的回答来进行参照评分。由于不同的人对限制性反应论述题的评分标准不同，即使是同样的回答，也可能会获得不同的分数。因此，限制性反应论述题的评分易受主观因素的影响。为了尽量保证评分的客观性，增强评价的有效性，教师应做到如下几点。

①编制一份质量较高的限制性反应论述题。问题的表述必须清楚明了，必须明确规定回答的长度，并要求学生尽量减少不必要的错误，如错别字、语法错误等。

②应采用多个限制性反应论述题。可以将一个大问题分解成几个相对较小的限制性反应论述题，从不同的角度来评价学生，让学生从多方面展示自己的能力。

③每个问题都要有一个相应的参考答案，并列出相关的评分标准及细则，尽可能统一各评分者评价的尺度，而不是每个评分者各持一个标准。

（2）扩展性反应论述题的使用及评分

扩展性反应论述题适用于评价学生对某事物的比较、对问题的看法和立场的阐述、对其他选择的讨论和评价等。和限制性反应论述题一样，对年龄较小的学生应采用口头回答的形式，对年龄较大的学生应采用书面回答的形式。

扩展性反应论述题的评分分为整体评分和分项评分。

①扩展性反应论述题的整体评分。整体评分是指从整体的角度来关注论述题的答案，比分项评分省时，但不能给学生提供具体的反馈。在进行整体评分

时，也需要对分数的等级做出相应的详细说明，以便教师把握评分的尺度，尽可能地对学生的回答做出客观的评价。

②扩展性反应论述题的分项评分。分项评分能够使教师尽可能地注意学生答题的细节，并具体到每一个标准。这类评分方法可以帮助教师看到学生回答中的优点及不足，并且可以依据评分的标准给学生更多细节上的反馈。但是，有时候教师可能会过度地专注于某个细节，从而出现偏差，忽视学生回答的整体性。

2. 论述题的优点和不足

总体而言，论述题具有以下优点。

①能够评价学生理解、分析、应用、评鉴等多方面的学习结果，这些结果是客观式测验所不能评价到的。

②论述题的编制相对方便、容易。

③可以促进学生思维能力和问题解决能力的提高，利于改进学生的学习方法等。

④可以促进学生语言材料组织和表达能力的提高，增强学生的写作能力。

论述题还具有以下不足。

①论述题的取材范围相对狭窄，代表性不强。

②评分的主观性很强，且对同一试题内容的评分不尽相同，有时甚至差别很大。

③评分易受学生写作能力和作答技巧的影响，而且学生的字迹清晰与否、有无错别字、句法结构是否正确等因素也会影响评分的客观、公正。

④学生作答及教师评卷都很费时。

（三）操作测验

1. 操作测验的含义及使用

在许多学科中，对操作方法和过程的把握与应用同样也是重要的测量目标，因此，在这些学科中，操作测验已成为纸笔测验的辅助测验。操作测验是指模拟一些在自然情境下操作的测验，其模拟的程度高于一般的纸笔测验。

2. 操作测验的优点及不足

操作测验可以在需要对某一特定课题的熟悉程度进行验证但又不能通过知识测验来测量的情境中发挥作用。操作测验的编制方法与其他类型的成就评价大致相同，但是其难度要大得多。通常情况下，很难对操作测验的情境进行有效控制，难以实现标准化，而且操作测验的准备和实施都比较费时，评分也较为困难。一般而言，操作测验的情境越接近于真实的作业情境，在评价过程中遇到的问题就越复杂。

第七章 课堂教学评价的影响及优化策略

课堂教学评价对学生的影响既有正向的又有负向的。对此，需要通过合理的方式使课堂教学评价对学生形成积极的促进作用。鉴于此，本章分析了课堂教学评价对学生学习的影响，同时探讨了优化课堂教学评价的有效策略。

第一节 课堂教学评价对学习的影响

课堂教学评价对学习的影响在实践中随处可见，主要体现在学习目标定向、学习内容、学习方式和学习结果等方面。

一、课堂教学评价影响学习目标定向

学习动机理论多涉及学习目标定向问题。埃姆斯（Ames）将学生的学习目标定向分为两大类：表现目标（成绩目标）与学习目标。前者也称"关乎自我的目标"，具备这种目标定向的学生更关注学习带来的个人效益，其目标定位于获得他人的赞许（附属内驱力）或提升社会地位（自我提高内驱力），更倾向于避免学习上的风险，采用比较浅层的学习策略；后者也称"关乎任务的目标"或"掌握目标"，具备这种目标定向的学生会将自己的注意力放在有助于达成目标的行动中，他们有更多高级的学习策略，有更高的作为学生的胜任感，对学校工作有更大的兴趣，且对学校有更积极的态度。

学生的目标定向并非天生，而是后天习得的结果，而学生接受的课堂教学评价是影响目标定向的一个关键因素。当课堂教学评价主要指向于学生之间的相互比较，或者主要涉及对个人的判断时，学生就会倾向定位于表现目标，更关注自己及在群体中的地位；若评价主要指向提供关于任务完成情况的信息，那么学生更可能倾向定位于学习目标，更关注任务完成或掌握本身。这种不同的学习目标定向对学习有巨大的影响，其中之一就是影响学生对学习的控制。鼓励表现目标定向的评价本身就是一种控制，会让学生将对学习的控制权转移给他人，从而丧失自主管理学习的意识和能力。

二、课堂教学评价影响学习内容

巴甫洛夫（Pavlov）的狗没有像斯金纳（Skinner）的猫那样学会打开笼子的开关，斯金纳的猫没有像巴甫洛夫的狗那样学会听到铃声就分泌唾液，原因就在于巴甫洛夫为狗听见铃声分泌唾液提供了强化，而斯金纳的猫只有打开笼子的开关才能得到强化。评什么就会让人学什么，这正是科举制下绝大多数读书人专注于"四书五经"而不涉及其他的原因所在，也正是学生普遍认为不考的科目不重要而专注于考试科目的原因。在很多情况下，教师自己也更看重学校考核所关注的那些方面，教师也知道如果想让学生学习什么，必要的手段之一就是将这些要学的内容列入考试范围。

三、课堂教学评价影响学习方式

合作学习被倡导多年，学生的学习依然有强烈的竞争性的关键原因之一就是课堂教学评价关注学生相对于他人的个体表现，不断加深"提高一分，干掉千人"的印象，而不考查学生之间的合作。探究学习被倡导多年，学生依然倾向于死记硬背、复制知识的关键原因则是课堂教学评价主要考查学生对事实性知识的快速重现，迫使学生记忆特定问题类型与特定解决方法之间的对应关系，通过反复的训练取得高分，从而影响学生的学习方式或策略。莱伊（Reay）和威廉（William）甚至认为，反复的模拟考试只会让学生认识到考试的重要性，导致学生选择运用能够避免努力和责任的应考策略，而这些策略常有损于高层次的思考。

从某个角度来讲，"怎么考"比"怎么教"更能影响"怎么学"。以选择题为主体的标准化考试鼓励了知识的再生产和被动性，却付出了批判性思考和实际能力的代价。如果学生获得了对评价的某种控制权，能够进行自我评价，学生就可能更看重学习中的重要内容特征，而不是对或错。

四、课堂教学评价影响学习结果

学生最终学到什么，同样也会受到课堂教学评价的影响。"所评即所得"，教师评价什么，学生就会学习什么。如果课堂教学评价关注的是事实性知识，学生在高层次认知上的收获就难以保证；如果课堂教学评价主要采用客观性标准化测验，那么学习的"碎片化"和"原子化"就不可避免。在美国得到广泛运用的标准化测验的发明者布里格汉姆（Blrigham）早在1929年就已预见到这方面的问题："当这样一种不幸的时代到来时，我们的教育就会遭受不可避免的损害。这意味着我们的教学会完全碎片化，被分解成毫无联系的片段，科学会成为高度浮夸的语言表达，计算、操作和思考会被最小化，语言教学的目的是语词技能而没有文学价值，英语只教阅读，写作上的实践和训练则消失了。"

第二节　促进学习的课堂教学评价优化策略

学生是课堂教学的主体，要想使课堂教学评价进一步促进学生的学习，就要优化课堂教学评价。

一、收集信息方面

（一）收集与学习目标相关的信息

在现代科学中，信息是指事物发出的消息、指令、数据、符号等所包含的内容。课堂活动是涉及诸多主体的复杂活动，会产生诸多信息，有些与学习直接相关，有些则与学习没有直接的关联；有些与当前的学习相关，有些则可能与当前的学习没有直接的关联。课堂教学评价若想促进学生学习，就要收集对学习改善有意义的信息，即与当前学习相关的信息——学生是否达到了预定的学习目标？如果没有，与学习目标之间的差距有多大？换言之，促进学习的课堂教学评价所要收集的信息乃是判断特定的学习是否发生以及发生程度如何的"证据"。

1. 关注与学习目标相关的信息

学生在学校教育情境中的学习是有目标的学习，是不断趋向于学习目标的过程。也就是说，促进学习也就是推动学生达成或接近目标。

在收集信息的过程中，许多信息不仅无助于学生学习的改进，甚至可能会阻碍学生的学习。比如，教师经常会特别关注特定学生相对于他人的学习情况。就拿到达某地这个目标来说，某个人在队伍中的位置并不重要，关键在于了解他在旅程中遇到的障碍，进而提供有助于他克服障碍的帮助。如果只关注他在队伍中的位置，有些人就可能会丧失信心，也不会去寻找遇到障碍的原因，更不会去克服障碍。

评价总是与目标紧密地联系在一起的，甚至可以说，没有目标，就没有评价，目标就是评价的参照系。因此，在收集评价信息时，应关注与学习目标相关的信息。

2. 保证评价目标与学习目标匹配

课堂教学评价要评什么？当然是评价学生是否达成期望达成的学习目标。也就是说，课堂教学评价所要评的是学生达成学习目标的程度。学习目标需要明确"学生达到学习目标后能够做什么"，需要明确"学生学到什么程度算是达成学习目标"，这实际上包含了用以衡量学生表现的课堂教学评价准则。因此，评价目标与学习目标保持一致是不言而喻的。

如何确保评价目标与学习目标相匹配？尽管教师应当认可学生在实际学习过程中生成的、预定学习目标之外的、有价值的学习结果，但是教师必须自始至终地以预定的学习目标来衡量学生的学习表现，不能随意提高或降低标准；在设计作业、试题等正式的评价任务时，更需要关注评价任务在内容和认知要求上与学习目标保持一致。

3. 让学生事先明了评价目标

很多教师都对让学生事先明了评价目标抱有质疑的态度。之所以有这样的质疑，原因在于质疑者所持的评价观——一种来自选拔性评价的评价观。在他们看来，评价是衡量，是判断，所以要具有神秘性。若学生事先知道要评什么，评价的结果就不可靠。实际上，换一个角度来看，如果将评价视为教学的一个有机组成部分，同样以学习的改进为目的，那么就能很容易接受事先让学生明了评价目标的观念。学生事先知道评什么，就会有更明确的努力方向，并在所评内容方面有更大的投入，从而学得更好。当然，让学生事先明了评价目标的前提是评价目标一定要反映学习目标的要求，一定要与学习目标匹配。

实际上，教师不需要专门告知学生评价目标，只需保证评价目标与学习目标一致，就可以在让学生明确学习目标或者与学生一起制定学习目标的同时，让学生知道将来要评的就是现在应学的。

（二）收集关于学生学习的准确信息

课堂教学评价要想促进学习，关键是要准确收集学生的学习状况信息。如果收集到的信息是不准确的甚至是错误的，对于帮助学生达成预期结果而言就没有任何作用，甚至可能对学生造成阻碍。

1. 正确选择收集信息的工具

如果想知道某种东西的长度，通常会用尺子；如果想知道某种东西的重量，通常会用磅秤之类的衡器。这就像波帕姆（Popham）所说的那样，你不能"用大汤匙去测量温度"。如果想要收集准确的信息，就必须选择正确的信息收集工具。

什么样的工具是"正确"的工具？课堂教学评价工具取决于想评价的学习属性，只有适用于所要评价的学习属性的评价工具才能被称为"正确"的评价工具。所要评价的学习属性中最核心的就是评价目标，准确地说，这种属性是由评价目标，即学习目标中的认知要求决定的。

若从学习目标的根本来源（课程标准）来考察，我们会发现，课程标准中的课程目标的动词非常多，对学生认知的要求也非常多，不仅不同的内容有不同的要求，同一内容在不同学段或不同年级也有不同的要求。有时，即使动词是一样的，在不同的学习情境中也可能表达完全不同的含义。比如，"展示"在数学学习中的含义就可能与在体育学习中的含义有极大的差异。前者经常是指"展示"某种思考过程，后者则要求"展示"某种动作技能。要求不同，收集学生达成要求的程度的信息所需的工具也就不同。当要求是"说出"时，评价工具的核心应是让学生去"说";当要求是"运用"时,评价工具就要能引发学生的"运用"活动;当要求是"掌握"时,评价工具就要能够检测学生是否记住、能否理解、能否运用。

2. 选择高质量的评价工具

要收集学生学习的准确信息,"正确"的工具只是一个必要条件,而不是充分条件。要想知道某种东西的重量,有经验的人用手拎一拎也能知道大概,但如果要知道它的确切重量,就要使用高质量的衡器,如磅秤。课堂教学评价也是如此,在心理测量学范式的课堂教学评价中,设立诸多技术规范来规范纸笔测验编制,就是要保证所编制的评价工具的质量。如果评价工具质量低下,就无法从评价中得到关于学生学习状况的准确信息。

(三)持续地收集学生学习的信息

学习是一个持续的过程,是一个不断接近目标的持续旅程。在这样一个旅程中,学生需要随时知道自己的位置。换言之,学生在学习过程中有巨大的信息需求,随时需要信息来支持自己的学习,明确自己相对于目标的位置以及明确自己的下一步。

课堂教学评价若要为学生的持续学习提供支持,就要为学生的学习提供持续的信息支持,为教师持续的教学决策提供信息支持。在这一方面,传统的大规模外部评价存在明显的缺陷,因为它只能提供学生在某一特定时间点的学习表现信息。间隔较长时间实施一次的大规模评价即使能够提供关于学生个体的学习信息,所提供的信息也是不全面的,因为所有的评价都是抽样,无法覆盖学生所学的所有目标,而且一次评价所覆盖的学习阶段时间越长,所抽到的待评目标在所学目标中的占比就越低。

1. 持续地实施评价

实践层面对评价的最大误解之一是评价要在一个相对完整的学习过程终结之后实施。之所以有这样的误解,可能是因为教师的日常经验,也可能是因为课程理论中关于课程要素的表述方式——在课程理论中,课程评价作为课程四要素之一经常被放在最后,很容易被人误解为一个由课程目标、课程内容、课程实施和课程评价构成的简单性序列的最后环节。

好的评价，也就是能够促进学生学习的评价，必须成为教学过程的一个有机组成部分，可以在教学过程中随时实施。这是因为大规模评价只能提供关于学生在某一特定时间点上的学习表现"快照"，无法创造出"信息流"，而这种"信息流"的创造恰恰是课堂教学评价的优势。

要想持续地实施评价，教师必须随时关注课堂活动中自然出现的种种数据，分析判断这些数据对教与学的意义和价值，并自觉地将之用于自己的教学决策，用于支持学生的学习决策。在这一方面，教师必须认识到教学与评价具有同一性，必须认识到给予学生的学习任务实际上也是给予学生的评价任务，学生的学习活动是教师收集学生学习信息的重要机会。

当课堂中的自然观察不足以收集到对教学决策有用的信息时，教师就需要创造专门的机会进一步收集信息，如在课堂中提问。当教师想了解学生的某种思考过程时，教师就可以提出问题，让学生通过回答问题将自己的思考过程呈现出来。当教师发现学生呈现出来的信息不充分时，可以进行追问，以获得更多的信息。

需要注意的是，要想运用评价任务来持续地创造数据进而创造信息，就不要选择大规模外部评价那种容量较大、覆盖范围很广、非常正式的评价，而应选择容量和覆盖范围都较小、形式多样、分散地镶嵌于教学过程之中的评价。

2. 运用多种简便的信息收集方法

要想维持持续关注学生进步的信息流，仅有信息意识是远远不够的，因为这种信息流的维持在很大程度上依赖于教师的观察力和洞察力，依赖于教师的评价技术素养。在变动不居的、需要即时决策的课堂中，教师缺乏良好的评价技术素养，因此要想维持这种信息流并在此基础上做出教学决策是不可能的。在此背景下，要想持续收集学生的信息，可以应用以下两项技术。

第一是抽样的技术。这里所说的抽样涉及两个方面：一方面是在学习目标中抽取所要评价的目标（即评价目标），这种抽样其实是评价任务设计中的核心；另一方面的抽样是指在众多学生的表现中选择关注哪些学生的表现来获取足够准确、充分的信息。

第二是多种简便的评价方法的使用。评价方法不局限于考试、作业提问、观察等，还包括其他一切能够用以收集学生学习信息的手段。美国学者安吉洛

（Angelo）和克罗丝（Cross）用一个专有名词来统称这些做法，即"课堂评价技术"。

课堂评价技术是指教师可以在教学过程中使用的快速简便地收集信息的技术。相较于纸笔测验、表现性评价、档案袋评价等评价方法，课堂评价技术能够镶嵌于教学过程之中，快速简便地收集、分析信息，更快地发现学生学习上存在的问题，及时为教师的教学决策和学生的学习决策提供支持。相较于自然情景中的参与性交流、观察，课堂评价技术更具结构性、更正式，能够收集到更准确的关于学生学习的信息。

二、信息分析方面

（一）适当地解释所收集的信息

尽管前文为表述方便起见，将教师通过课堂评价收集到的事实和数字称为"信息"，但是教师收集到的未经处理的事实和数字并不是严格意义上的信息，只是数据。数据本身通常缺乏意义，也无法用于决策。

1. 所收集的信息须经解释才有意义

在日常情境中，数据和信息经常被混用。有学者讨论了数据、信息、知识三者之间的关系，并将三者纳入一个金字塔型结构之中。数据处于最低位置，是反映某些具体的东西但未加组织的事实和数字，是事实和数字的无结构的集合；信息处于第二层，是情景化的、分门别类的、经计算和压缩的数据，也就是结构化的数据；知识涉及专门技术、理解、经验、洞见、直觉和情境化的信息，是"关于信息的信息"，如图7-1所示。

数据、信息、知识的金字塔型结构表明数据、信息、知识是紧密相关的，尤其是数据和信息，人们经常将之互换运用。但是，细究起来，数据和信息两者之间存在着细微差异，尤其是在某些领域，数据和信息经常被加以严格区分。从词源的角度来说，数据的英文"data"一词源于拉丁语词汇"datum"，其运用可追溯到17世纪，最初是指"给定的东西"；信息的英文"information"更为古老，可追溯到14世纪，有古法语和中古英语的渊源，通常指用于教育、教学或其他知识交流中的"告知的行为"。尽管两者紧密地联系在一起，但是当需要严格区分二者时，数据通常指简单的具体事实或数字，

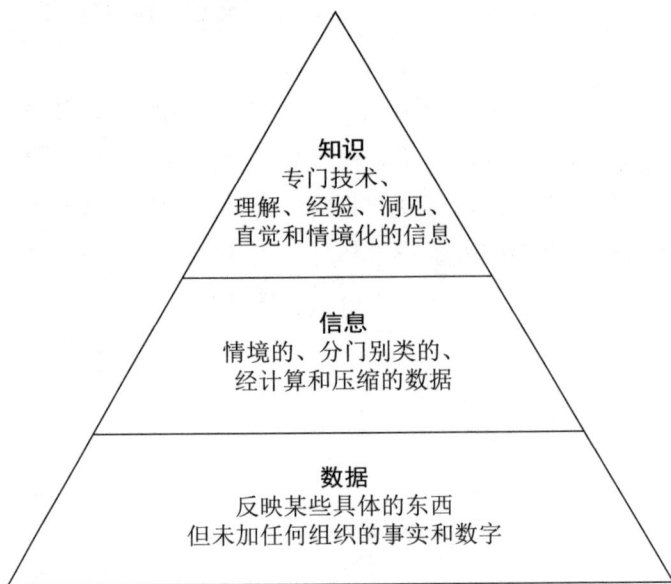

图 7-1 数据、信息、知识的金字塔型结构

是事实和数字的无组织集合，构成了"信息单位"，是信息的来源而不是信息本身。

信息不同于数据，信息是有意义的。信息源于数据，可以说是结构化的数据。当数据经过加工、组织、结构化或在情境中呈现而变得有意义或有用后，就成了信息。然而，单一的数据片段很少有用，要想变成信息，就必须置于情境中，必须在情境中加以解释和分析。

2. 收集到的信息的解释方式

在通常情况下，可能影响数据解释的情境大致有三类。与之相对应，若将数据解释视为数据确定参照系，数据解释的方式也可以大致分成三大类，分别是常模参照、标准参照、个体内差参照。

3. 基于目标解释信息

上述三种不同的数据解释方式都有其合理性和应用价值，但对于不同的评价目的，不同的解释方式所能发挥的作用存在明显差异。比如，对于以选拔为目的的评价，常模参照是一种合适的解释方式；对于以改进为目的的课堂评价，更为适合的解释方式应该是标准参照，即将学生的表现与源于课程标准的学习目标联系起来进行解释，用学习目标衡量学生的学习活动。

（二）运用评价结果支持教学决策

在赋予数据以教育意义之后，评价促进学习的一个关键就是对这些有教育意义的数据的运用。以往人们在区分形成性评价和总结性评价时，更多的是依据评价是在过程中实施还是在一个相对完整的教学阶段终结之时实施。实际上，两者的关键区别不在于实施时间，而在于结果的运用。要想改善教学，教师就要运用评价结果来支持教学决策。这就像空调中的温度计，它收集到室温的信息后，会将之反馈给空调的工作系统，由工作系统将之与目标温度进行比较，以决定是否继续工作。

1. 教学即决策

尽管实践中出现过不考虑教学的具体情境而只关注教学问题的情况，但是从未有人声称找到了一套适用于所有教学情境的教学方法或教学策略。历史上曾经出现过的诸多教学理论，乍看起来似乎存在着明显的矛盾冲突，如源于行为主义和建构主义的教学策略、形式教育和实质教育、接受学习和发现学习，但是它们对于特定的学习情境都是合理且有价值的。之所以如此，是因为具体的教学十分多样。教学具有明显的情境化特征，教什么、教谁、谁来教、何时教、希望达成什么结果，凡此种种构成了教学的具体情境，而这些情境会极大地影响特定教学安排的有效性。对于这种具有明显情境化特征的教学，无法找到一套适用于所有情境的教学方法、模式、策略或技术。

从教学背后的认知或思维角度看，教学的本质之一就是决策——面对特定情境的决策。或许有些教师认为，教师的决策只发生在教学准备，即计划阶段，教学的具体实施就是一个执行决策的过程，但实际上决策发生在教学的全过程，计划、实施、评价每一环节都需要教师的决策。例如，在计划阶段，教师需要确定并准确陈述教学目标，确定教学内容并开发运用相应的教学资源；需要选择使用适当的教学方法并安排适当的学习活动；需要明确评价学习结果的方法和具体指标。

教学准备阶段的决策可以让教师形成一个教学计划，教学实施阶段就可以依据教学计划来展开。教学还有一个重要的特性，那就是不确定性，尤其是因为教学的参与者是具有主观能动性的人，不确定性变得尤其明显。几乎所有的课都不会与之前计划的完全相同——实际的上课过程总是有些变化，这种变化就是上课过程中即时决策的结果。比如，对于在某一个问题上花费多少时间，恐怕没有一个教师会在计划中进行准确的设计；对学生的回答如何进行回应，教师在上课前最多会有一个大致的设想，至于实际上如何回应，一定是课堂情境中决策的结果；对于课堂中要提的核心问题，教师会有设计，但一些一般性的问题基本上都是在课堂中生成的，提或不提、何时提、怎么提，都是教师决策的结果。

教师的决策不限于课前和课中，课后同样需要决策。当教师对已完成的课进行反思时，必定有相应的决策过程相伴：目标是否还应该这样陈述？内容是否还应该这样处理？过程是否还应该这样来实施？能否安排其他的学习活动？安排什么活动？怎么安排？哪些学生需要进一步的教学？怎么教？

教师的决策贯穿于教学的全过程，也涉及教学活动的方方面面。面对特定的教学情境，教师需要采取多方面的行动，这些行动不仅涉及怎么教，也涉及教什么；不仅涉及自己教的行动，也涉及对学生学习活动的组织和安排；不仅涉及针对学生全体的行动，也涉及针对学生个体的行动。

2. 教学决策的依据

教学决策是教师在教学过程中的思维过程之一，在很多情况下这一过程是内隐的、快速的，甚至表现为直觉的、不假思索的或者即兴的，似乎某个时候灵机一动，就做出了某种决策。尤其是在教学实施过程中，很多教师甚至没有意识到自己已经做出了决策，当然就没有想到这种决策的依据。事实上，教师在进行教学决策时总是有一定依据的，而且依据可能来自多方面，如课本、经验、学生、价值观念等。

3. 评价驱动的教学

教师可能清楚自己在教学准备阶段的思考过程，可以清晰地意识到自己在几个选项中做出的选择。但是，教学实施过程中的决策可能没有那么明显，因为教师经常需要在很短的时间内做出决定，而且经常是在未经深思的情况下凭直觉做出决定。在此背景下，大多数教师都没有清晰地意识到决策背后完整的过程，即做出决策的过程。

做出教学决策的过程并不简单，可能是由多个环节构成的。人只有在特定的情境中或遭遇问题时才可能产生决策的意向。从某种意义上讲，决策就是人在特定情境中的一种反应。当教师需要做出决策时，就会发现自己处于问题情境之中。因此，做出决策的第一个环节就是确定问题或情境。

如果没有情境或问题，就不会有决策。在教学过程中，决策行为总是特定情境的产物。在计划阶段，教师要确定目标、内容、方法；在教学实施过程中，是否重复某个内容，要求哪个同学回答，是否跳过某个原本打算详述的部分，或者增加或减少学生的某种活动，都需要在特定情境下确定；在教学反思阶段，确定维持什么、调整什么，都是围绕已经完成的那一堂课展开的。更确切地说，教师的决策实际上针对的是情境所包含的问题，教师总是在情境中，但情境并不足以引发教师的决策，只有教师想在情境中引起一些变化或者发现了情境中的问题时，才可能产生决策的意向。而且，如果问题不明确，那么决策也不会发生，因为从某个角度讲，决策就是在多种可能的方案中选择最合理的问题解决方案的过程。决策过程离不开对决策情境或问题的认识。这种情境或问题正是决策的击发器，是做出决策的关键依据。

有效的教学必然建立在学生已有的学习基础之上，这是有效教学的一条"铁律"。❶"以学定教"在教育领域作为一种观念受到热捧，正是因为其反映了这样一条铁律。然而，作为"以学定教"的一种操作模式，"先学后教"在理论上的确具备提升教学质量的潜力，但这种潜力并非只依赖于"先学后教"之名所暗示的"在教之前让学生先学"就能发挥出来。"先学后教"之效既取决于"先学"的目标、内容和方式与教学目标的匹配性，又取决于"后教"阶段基于学生先学结果的反馈和个别化指导，更取决于整个学—教过程中的高质量的课堂教学评价。

（三）运用评价结果改进学习

运用评价结果支持教学决策类似于空调中的温度计，即在收集到信息之后将信息提供给自己的工作系统。对于空调而言，它只需要在"目标温度"的设定上寻求用户的配合，但教学不同，教师需要在整个过程中寻求学生的配合。因此，促进学习的评价不仅要将评价结果作为教师教学决策的基础，更要将相关信息反馈给评价结果的另一个重要用户——学生。

---

❶　余文森：《有效教学十讲》，上海：华东师范大学出版社，2009：149。

1. 反馈即信息分享

反馈是控制论的基本概念，是指将系统的输出返回到输入端并以某种方式改变输入，进而影响系统功能的过程。这一概念最初源于无线电工程技术，后来应用于生物、社会和生产技术等领域，现已成为现代科学技术的基本概念之一，用以解释自动调节现象。扩展来讲，凡是从作用对象那里得到信息，均可视为反馈。

从表面上看，很多学者都将反馈界定为信息本身，而不是将之看作一种活动。但是，在很多人的语境中，反馈经常被视为一种活动，即给予反馈信息的行为，或者"信息的提供"。比如，我们在讨论教学中的有效反馈时，经常会提到一条基本原则——"及时反馈"，这里的反馈就是指将反馈信息传递给学生的行为。实际上，这两种对于反馈的理解在本质上并无差别——无论是"所提供的信息"，还是"信息的提供"，都告诉了我们反馈与信息之间的关键联系。

在课堂评价中，对学生的反馈在本质上是教师与学生分享从评价中获得的信息。决定反馈对学习的促进作用的不是反馈本身，而是学生基于反馈信息的行动。如果学生只是接收了反馈提供的信息，却没有理解这些信息，或者没有基于这些信息做出改进的意愿和行动，学生的学习就不可能得到改善。也就是说，反馈只是带来了一种改善的可能性，学生对反馈的接收、理解以及基于反馈的行动才是改善学习的关键。

因此，教师必须保证反馈的信息本身能为学生所理解。在很多时候，教师虽然给予了反馈，但是学生最多只能获得反馈的时刻，没有得到真正的反馈。为了让反馈真正发挥作用，除了保证反馈信息是关于学生的可控行为之外，还要保证不能就学生没有学习的内容给予反馈，否则反馈就是没有效果的。与此同时，教师还需要考虑反馈的呈现方式，保证学生更容易接受反馈的信息。如果学生能够主动寻求反馈，那么反馈一定能充分发挥应有的作用。在课堂中，当教师给予学生机会寻求和接受反馈时，反馈的效果会更强有力。

2. 有效反馈的作用

有效反馈可以通过以下几个途径影响学生的学习。

首先，反馈能够让学生知道自己当前的学习结果或水平，就像要去某个地方之前必须知道自己现在在哪里，学生要想改善学习，就要明确自己当前的学习状况。当学生得到的反馈信息是当前学习状况与目标要求之间比较的结果时，学生就会明确自己的目标，知道自己要去哪里，即明确自己的努力方向。

其次，反馈能够让学生制定适合自己的学习方法，了解适合自己的学习策略、学习习惯、学习态度等，从而为改善学习做出调整。

再次，反馈能够影响学生在学习上的自我效能感及其他情绪动力因素，这些情绪动力因素还会反过来影响学习成效。

最后，反馈能够给学生一种示范，让学生学会自我反馈。这种自我反馈对当前的学习改善以及未来的终身学习具有持续的积极影响。

三、学生参与课堂教学评价

（一）学生参与课堂教学评价的价值

学生参与课堂教学评价对学习的改进以及学习功能的发挥具有明显的积极作用。虽然关注外部评价的传统教育评价学并不认可学生参与课堂教学评价，但是课堂教学评价的性质、目的、操作方式保证了学生参与其中的可能性。

1. 有助于学生达成学习目标

学生是学习的主体，包括课堂教学评价在内的所有外部影响最终都需要通过学生这一主体的行动发挥作用。实际上，课堂教学评价对学习的促进作用同样需要以学生的学习活动为中介来实现。一般而言，课堂教学评价对学生学习的影响主要通过两个方面的机制来实现：一是影响学生的情绪动力；二是影响学生的认知。但是，这种影响的方向和大小并不确定，有时可能是促进，有时可能是阻碍；有时影响巨大，有时影响有限。虽然这种影响的方向和大小取决于很多因素，但是可以确定的是，学生在课堂教学评价过程中的地位是其中一个非常重要的因素。

课堂评价会影响学生的学习动力。教师经常假定课堂教学评价会激发学生的学习动力，因为让学生知道自己与学习目标的差距会让他们更努力。然而，这种假定很容易被实践中的反例所证伪——实践中有太多的例证表明，许多学生丧失学习的动力，正是因为学生的课堂教学评价经历。按照斯蒂金斯的观点，课堂教学评价的作用在很大程度上取决于学生以往的课堂教学评价经历，他们在以往的课堂教学评价中的成败决定了他们对课堂教学评价的认识、对自己的认识，以及接下来的行动。由此可见，课堂教学评价未必能够激发学生的学习动力，激发学生学习动力的关键在于课堂教学评价对学生自我认知、自我价值感，以及对学习的控制感产生的影响。如果学生能够参与到课堂教学评价过程中，那么学生就将获得对学习的控制感，也更容易提升在学习上的自我价值感，形成更为积极的自我认知。

2. 有助于学生自我评价能力的发展

自我评价能力的发展是促进学习的应有之义。虽然课堂教学评价旨在促进学习，但是课堂教学评价所要促进的学习不仅仅是对特定知识或技能的学习——相较于对特定知识或技能的掌握，对学习更根本、更可靠、更坚实的促进在于提升学生的学习能力。在当代社会，通过一段时间的学习为一种职业或者生活做好一劳永逸的准备的时代已经一去不复返了，学习不再是人的终身发展中一个相对独立的阶段，而是贯穿于终身发展始终的活动。尤其是在当前这样一个知识增长和知识老化同样迅猛的时代，比知识本身更为重要的是学习能力。也就是说，如果促进学习仅仅局限于对特定知识技能的掌握，那么这种促进就是不可靠的，因为所学的知识可能很快就会过时、被淘汰。如果课堂教学评价对于学习是重要的，而学习又是持续终生的，那么学生就不可能永远依赖于他人的评价，而是必须学会自我评价。

自我评价能力是学习能力的重要构成部分，从某种意义上来说，自我评价能力处于学习能力的核心。众所周知，如果将学习视为一种认知活动，那么学习不仅取决于学生的认知能力，更取决于其元认知能力。而在"元认知"中，比"关于认知的知识"更重要的是"元认知监控"，即在进行认知活动的全过程中，将自己正在进行的认知活动作为意识对象，不断地对其进行积极自觉的监视、控制和调节。而要想实现有效的监控，自我评价能力不可或缺。

学生参与课堂教学评价的最高表现水平就是完全自主的自我评价，这正是让学生参与课堂教学评价所要追求的目标。教师实施良好的课堂教学评价，能够为学生学习评价提供良好的示范。但是，自我评价不只是一种知识，更是一种能力，一种实践能力，而实践能力的发展唯有通过实践才能实现。学生参与课堂教学评价就是给予学生实践的机会。如果学生能够充分参与课堂教学评价的全过程，那么学生就有充分的机会去学习、尝试、实践自我评价，他们的评价能力也会在这一过程中得到发展。当学生具备了自我评价的意识和能力，能够进行准确的自我评价，并据此来做出关于学习的决策时，学生的学习必然会得到改善，而且是持续的改善，会让学生终身受益。

（二）学生在课堂教学评价中的应有角色

课堂教学评价所评价的是学生的学习，因此学生非常容易被视为课堂教学评价的客体。但是，教师必须认识到，要想让课堂教学评价真正起到促进学习的作用，就不能只将学生作为课堂教学评价的对象，还必须让学生扮演课堂教学评价的参与者、中介者和自我评价者。

1. 学生应是课堂教学评价的主动参与者

在关于对学生学习的评价中，学生总是评价的参与者，即使这种评价是外部评价，学生作为"对象"参与其中——在考试中，他们要准时来到试场，完成试题；在课堂提问中，他们要回答教师提出的问题；在表现性评价中，他们需要表现出教师要求的行为。

当然，上面所列举的情况只是说明学生作为对象被动参与课堂教学评价的情况。实际上，学生对课堂教学评价的参与有多个层次。在外部评价中，虽然学生都是作为对象参与其中的，但是学生参与的程度可能有所不同。比如，一个学生会在考试前进行充分的准备，在考试中高度集中注意力；而另一个学生可能根本不在乎考试，在考试的过程中随便应付。这就是参与程度的不同。在课堂教学评价中，学生有条件参与得更深，因此学生参与课堂教学评价的层次也更多，除了作为课堂教学评价的被动参与者之外，还可作为课堂教学评价的主动参与者。

2. 学生应是课堂教学评价效果的中介者

许多教师都有这样的经验：同样的评价对不同学生有完全不同的效果。原因何在？当然是因为学生不同。学生是影响课堂教学评价效果的重要因素，或者说，在从评价到评价效果发生的过程中，学生是非常重要甚至关键的中介变量。

学生之间存在着广泛的差异，这种差异表现在智能类型、认知结构、认知发展水平、认知方式、学习动机等诸多方面。这些差异既有先天因素作用的结果，也有后天因素作用的结果。不过，课堂教学评价主要需要关注学生在对评价的认知和信念上的差异，因为这种差异会直接导致学生在对课堂教学评价的看法、从课堂教学评价中产生的感受、课堂教学评价之后产生的行动等诸多方面产生差异。这些差异正是导致评价对不同学生产生不同效果的关键因素。

与其他受先天因素影响的个别差异不同，学生在对课堂教学评价的认知信念上的差异完全是后天影响的结果。根据斯蒂金斯的看法，学生对课堂教学评价的不同认知和信念正是来源于他们不同的评价经历或体验。也就说是，不同学生在以往的课堂教学评价中是经常取得成功还是经常遭受失败，极大地影响着课堂教学评价可能产生的效果。

3. 学生应是课堂教学评价的自我评价者

根据前文的论述可以确定，良好的课堂教学评价具有巨大的促进学习的潜力，这种潜力是通过学生运用课堂教学评价信息调整学习以及教师运用评价信息调整教学来实现的。不过，需要指出的是，这里所说的学习是与学习目标直接相关的学习。教师设定教学目标，也就是提出关于学生在学习之后应知和能做的期望。基于这种期望，学生能够设定自己的学习目标。而课堂教学评价就是要明确学生实际的学习状况与目标之间的差距，进而让学生通过自己的调整改进学习，更好地实现目标。如果学生积极投入课堂教学评价过程，而课堂教学评价本身设计良好，学生就有可能通过课堂教学评价探索、解决以前从未解决过的问题。此时，学习就在课堂教学评价过程中发生了。当然，这种学习也是直接与学习目标相关的学习。

与此同时，必须注意到学生在课堂教学评价过程中的学习不仅仅包括与学习目标直接相关的内容。当学生参与课堂教学评价时，一种学习隐蔽地发生了，那就是对课堂教学评价本身的学习。教师的评价实际上会对学生产生不明显但可能影响巨大的示范作用。例如，有相当一部分教师在日常教学实践中表现出的课堂教学评价行为，可以追溯到他们的教师做出的课堂教学评价行为的影响。按照班杜拉（Bandura）提出的社会学习理论，这种学习就是一种观察学习、模仿学习。

当学生在课堂教学评价中学会评价，发展了自身的评价能力时，就有可能成为一个自我评价者。虽然良好的课堂教学评价具有促进学生学习的巨大作用，但是只有学生自我评价能力得到发展，课堂教学评价才能对学生未来的学习和终身发展产生更大的促进作用，且这种促进作用将更持久。

（三）促进学生参与课堂评价

也许有教师会想："对于我自己来说，课堂教学评价都不是那么容易，学生年龄小、心智不成熟、能力不足，能主动参与到课堂教学评价之中吗？"实际上，学生参与课堂教学评价的能力是在参与实践的过程中发展起来的。在课堂教学评价中，如果学生被给予参与课堂教学评价的机会，就完全有可能主动参与课堂教学评价的全过程，如运用课堂教学评价结果来做出学习决策。但是，如果教师在课堂教学评价中将学生放在对立面，那就有可能剥夺学生参与课堂教学评价的机会，从而导致学生对外来评价产生高度依赖，逐渐丧失自我评价的能力。

1. 让学生明确学习目标

目标是课堂教学评价的关键要素，课堂教学评价通常需要清晰的目标。清晰的目标表明教师对学生的学习提出了具体的期望，期望学生在完成学习之后能够达到某种程度。课堂教学评价就是要确定学生是否达到了这种程度，确定学生的学习相对于目标的具体状况。斯蒂金斯等人认为，好的评价即能够促进学生学习的评价必须能够让学生回答三个问题：我要去哪里？我现在在哪里？我如何能从现在所在的地方到我要去的地方？其中，明确"我要去哪里"，也就是明确学习目标。因此，教师不仅需要明确教学目标，而且需要让学生知道教学目标。

2. 让学生反思自己的学习

课堂教学评价促进学习的关键之一就是提醒学生关注自己的学习，为学生提供审视自己学习情况的机会，并提供关于学生学习的具体信息。但是，在很多时候，即使教师提供了相关的信息，学生的学习仍然没有得到改善。其原因在于这些信息还需要经过学生自己的转化才能发挥作用。就此而言，学生运用教师提供的信息来审视自己的学习，即对自己的学习情况进行反思，才是课堂教学评价促进学习的关键。

在反思性学习中，学生最低程度的参与就是接受教师所提供的信息，依据教师提供的关于下一步学习的指导来调整自己的学习；稍高程度的参与就是依据教师提供的反馈信息生成下一步的行动计划；更高程度的参与就是不再被动地等待外来的课堂教学评价信息，而是主动地寻求来自教师或同学的课堂教学评价信息；最高程度的参与就是不再依赖于外来的课堂教学评价信息，而是通过对自己的学习过程随时保持警觉，自主生成课堂教学评价信息，并运用这些信息来调整自己的学习，成为一个真正的反思性学生。可以肯定的是，随着学生对反思性学习的参与或介入程度的提高，学生的学习效果会越来越好。

3. 让学生记录自己的学习过程

课堂教学评价就是收集关于学习的信息或证据，这些信息或证据就是学生做出学习决策的重要依据。通常情况下，信息收集是教师的事情，学生只是信息源。虽然教师可能会以某种方式将收集到的信息记录下来，但是在大多数情况下，这些记录未必能有效地保存下来，因为被保留下来的经常是用于评定学生最终成绩的那些信息，通常比较简单。这些信息虽然依然可以发挥作用，但是基本上是对学生的概括性印象的一部分，既不清晰也不具体，不利于课堂教学评价信息发挥作为教学决策依据的作用。

学生既能作为信息源，也能成为信息的收集者。且不说学生在完成学习或课堂教学评价任务的过程中能够获得关于自身活动的信息反馈，当他们作为主体来审视自己的活动过程和结果时，他们也能够收集到很多信息。然而，问题是学生收集到的这些信息有时根本没有发挥作用，有时虽然发挥了作用，但未能很好地积累下来，以至于在一段时间之后，学生难以看到自己的进步，也无法对自己的进步或变化过程进行反思。这种现象极大地限制了课堂教学评价信息在促进学生学习上的作用。

学生参与信息记录的过程也有多个层次。最低层次是将教师发还的作业本、试卷或其他作业保留下来，以为后续的自我反思提供重要的材料。但是，如果仅仅局限于"保留"本身，而没有后续的审视、反思，那么这一层次的参与对学生的学习不会产生任何积极的影响。较高层次的参与是主动记录自我评价的结果。在这一过程中，学生会关注自己在每一次评价中的表现，会选择自己认为重要的信息加以记录，这对于学习的改进具有明显的积极影响。最高层次的参与是根据需要对积累和记录下的评价信息进行选择、整理，并按一定的方式进行组织，形成自己的学习档案袋。这一层次的参与已经不是简单的记录，而是在充分记录的基础上进行审慎的思考。进入档案袋的信息需要按照一定的目的（如要反映自己在某一学习领域的进步）认真选择，运用一定的框架加以组织，并以适合交流的方式加以呈现。这一过程实际上是一个对自己的学习进行再评价的过程，学生从档案袋建构的活动中能获益良多。

4. 让学生交流课堂教学评价结果

课堂教学评价结果的交流是课堂教学评价的后续环节，主导权通常在教师手中。教师在获得相应的课堂教学评价结果之后，应将结果反馈给学生或者告知家长。当教师将课堂教学评价结果反馈给学生时，如果反馈情况较好，那么这种反馈将有效促进学生的学习，尽管此时学生只是作为评价结果的接受者。要想使反馈有效，就必须让学生超越单纯的反馈接收者角色，主动地参与到反馈过程之中，至少需要理解教师或其他人所提供的反馈信息。在这一过程中，有时需要学生与反馈提供者进行交流。比如，当学生并不清楚反馈信息的含义时，可能会提出问题，要求教师加以澄清，或者为了明确反馈信息的含义，会复述反馈信息，期望教师加以确认。这时的交流就是学生充分理解反馈信息并保证反馈信息有效运用的重要保障。

学生作为被评价者时对评价结果交流的参与过程可能取决于学生的自觉性以及特定的情境，但是当学生作为评价者时，交流评价结果就不是他们可做可不做的事，而是他们必须承担的责任。比如，在进行同学互评时，学生必须将自己在评价过程中收集的信息反馈给同学；在教师要求进行自我检查时，学生必须向教师报告自我检查的结果。在这些情况下，学生扮演的不再是评价结果的接受者的角色，而是评价结果的生产者和提供者。对学生参与评价结果交流的更高要求是让学生基于自觉的、持续的自我评价，主动与他人分享自己的学习经历。

5. 让学生自己做出学习决策

课堂教学评价促进学习是通过学生基于课堂教学评价结果做出学习决策并实施来实现的。如果学生获得了课堂教学评价结果，但不能运用这些结果做出下一步的学习决策，那么学生的学习就不可能得到改善。设想一下，如果教师提供了关于学生作业的具体的描述性反馈，而学生仅仅浏览一下就将它扔到一边，显然学生无法从教师的反馈中获益。或者，学生在得到来自教师的反馈之后，不能自己寻找解决问题的方法，而是等待教师给予具体的指导，然后按照教师提供的方法一步一步解决问题。这种情况也许比前一种情况稍好，但学生可能会产生对外部指导的高度依赖，一旦失去外部指导，就无法继续改善学习。

作为课堂教学评价结果的用户，学生在评价中最重要的是基于评价结果（包括教师的反馈和自我评价的结果）做出学习决策。依据教师提供的反馈自己订正错误是学生运用评价结果做出学习决策的低层次的表现，而高层次的表现应该是学生自己为下一步的学习设定目标并制订相应的行动方案。为此，学生必须学会分析自己在学习中存在的问题，根据自身存在的问题确定下一步的行动目标，并采取适当的策略来实现目标。

第三节　教师课堂教学评价素养发展策略

课堂教学评价在促进学生学习、提升教育质量上的作用是毋庸置疑的，但有效的课堂教学评价需要教师具有高度的课堂教学评价素养。如果从教育的"三个竞技场"——课程、教学、评价来看，教学方面的素养是学校、教师一直以来的关注重点，发展水平也应该是最高的。从2001年开始，在课程改革背景下，教师在课程方面的素养有了比较明显的提升，而包括课堂教学评价素养在内的评价素养已成为教师专业素养结构中的一块短板。如果说教师在其他专业领域的发展已达到了提高阶段，那么教师在课堂教学评价这一专业领域的发展尚处于补缺阶段。

目前，发展教师的课堂教学评价素养已经成为一个亟待完成的任务。发展教师课堂教学评价素养的策略有三方面：一是制定教师的课堂教学评价质量标准；二是加强以课堂教学评价为主题的教师教育课程的开发；三是改造教师的课堂教学评价实践。

一、制定教师的课堂教学评价质量标准

教师实现专业发展的一个关键在于明确"发展什么"。教师的专业发展所要发展的当然是教师的专业属性，但问题在于这些专业属性到底是什么，应

该发展到哪个程度。如果这些问题没有得到明确，那么所谓的专业发展就是空话。同样，教师课堂教学评价素养的发展也会涉及发展什么、发展到何种程度的问题。实际上，这些问题也就是发展的方向和目标的问题。

当前，许多国家在解决这一问题时普遍采取的做法是制定教师专业标准。专业标准不仅规定了教师需要发展的专业领域，而且对教师在这些专业领域的发展提出了具体要求。我国也顺应了这一国际趋势，于2012年颁布了多个教师专业标准，包括《小学教师专业标准》《中学教师业标准》等。[1]应该说，教师专业标准的颁布不仅能够让教师明确自己的发展方向，也能够为学校、教师教育机构组织有关教师专业发展的实践活动提供坚实的支撑。但是，同时也应当注意到，我国教师专业标准在总体上还是比较粗略的，涉及的主要是一些原则性的规定，不像基础教育阶段的学科课程标准那样提供了对学生在经过一段时间学习后应知和能做的行为描述。表7-1是我国教师专业标准与英国、美国教师专业标准在课堂教学评价领域的比较。

表 7-1 中、英、美教师专业标准在课堂教学评价领域的比较[2]

国家	领域	标准
中国	激励与评价	1. 对学生日常表现进行观察与判断，发现和赏识每一位学生的点滴进步 2. 灵活使用多元评价方式给予学生恰当的评价和指导 3. 引导学生进行积极的自我评价 4. 利用评价结果不断改进教育教学工作
英国	评价、监控与反馈	1. 有效地运用一系列合适的观察、评价、监控和记录策略，作为设定有挑战性的学习目标和监控学生进步和成就水平的基础 2. 为学生、同事、家长和监护人提供关于学生学业成就、进步和发展领域的及时、准确和富有建设性的反馈 3. 支持并指导学生反思他们的学习，确定他们已经取得的进步，设定积极的提升目标并成为成功的独立学生 4. 将评价作为教学的一部分来判断学生的学习需求，设定实际的和有挑战性的提升目标并计划以后的教学

---

[1] 龙国英，潘惠燕：《完善教师专业标准，推进基础教育高质发展——英国新〈教师专业标准〉探析》，基础教育研究，2013（19）：20-22。

[2] 周文叶，周淑琪：《教师评价素养：教师专业标准比较的视角》，比较教育研究，2013（9）：62-66。

国家	领域	标准
美国	评价	1. 知识 ①理解形成性和总结性评价在评价中的不同运用并知道如何合理运用 ②理解评价类型的范围和评价的各种目的，并知道如何设计调整或选择合适的评价来处理特定的学习目标和个体差异，从而减少偏差来源 ③知道如何通过分析评价数据来理解学习中的模式和差距、指导计划与教学，并为所有的学生提供有意义的反馈 ④知道何时与如何使所有的学生参与分析他们自己的评价结果，帮助他们为自己的学习设定目标 ⑤明白有效的描述性反馈对学生的积极影响并知道各种传达这种反馈的策略 ⑥知道何时与如何评价和汇报学生的进步 ⑦知道如何使学生为评价做好准备，如何布置测试环境，特别是针对有障碍和语言需要的学生 2. 能力 ①在适当时平衡形成性评价和总结性评价的运用来支持和记录学习 ②设计与学习目标相匹配的评价，使能歪曲评价结果的偏差来源最小化 ③能够独立或与其他教师合作检查测试和其他表现性数据，了解每位学生的进步并指导计划 ④使学生理解并能界定有效任务，为他们提供有效的描述性反馈来引导他们进步 ⑤作为评价过程的一部分引导学生以多种方式来展示知识和技能 ⑥使过程模式化和结构化，指导学生检验他们自己的思维方式、学习和表现 ⑦有效地使用多种、合适的评价数据来确定每位学生的学习需要开发差异化的学习经验 ⑧使所有的学生为特定的评价形式做好准备，安排舒适的空间与测试环境，特别是为有障碍和语言学习需要的学生 ⑨不断地寻求合适的方法与技术来支持评价实践，使学生更投入学习，评价和关注学生的需要 3. 意向 ①致力于使学生积极地参与评价过程，开发每位学生审视和交流他们自己进步和学习的能力 ②有责任使教学、评价和学习目标保持一致 ③致力于给学生提供有关他们进步的及时、有效的描述性反馈 ④致力于运用多种评价方式来支持、界定和记录学习 ⑤致力于安排好评价和测试环境，尤其是为有障碍和有语言学习需要的学生 ⑥致力于合乎伦理道德地使用各种评价及其数据来确定学生的长处和需求，以促进学生的成长

　　显然，越是具体的标准，对于教师在评价领域的专业发展的指引作用就越大，也更有效。实际上，若要引领教师的专业发展，不仅需要有良好的教师专业标准，还要为教师专业实践中一些重要的具有"高杠杆率"的专业领域制定专门的专业标准，而课堂教学评价就是教师专业中具有"高杠杆率"的领域。一些国家已经出台了专门关于课堂教学评价的标准，如果我国也能出台教师课堂教学评价专业标准或是教师课堂教学评价质量标准，那么对教师课堂教学评价专业发展将会起到十分关键的作用。

　　尽管从国外的情况看，教师的专业标准主要是由行业协会之类的中介机构，而不是政府制定并颁布的，但是考虑到我国的实际情况，我国还是应由政府来制定并颁布课堂教学评价标准（质量标准、能力标准）。其原因有以下几点。

　　首先，教育事关国计民生，当属政府的责任。西方因长期的教师专业化运动形成了教育领域内自治的传统，行业协会之类的中介机构发展得比较成熟，影响力也相当巨大，但近几十年来，政府力量在教育事务中的介入越来越多、越来越强。在我国，教育历来是政府的事务，政府有责任确定事关教师专业发展的基本方向。虽然当前政府治理方式的转变要求政府从一些具体事务中退出，但是"制定标准—实施评估"符合当前所推崇的"评估型政府"的理念。

　　其次，我国真正意义上的社会中介机构的发育并不成熟，除了那些实际上承担行政职能的中介机构，能够发挥作用和影响力的中介机构十分有限。

　　最后，中介机构制定的标准基于行业内成员的共识和承诺，其落实更多地依赖于专业共同体的自律，很难进行监管问责。例如，美国教育研究会和美国教育测量委员会制定《教育与心理测验标准》的初衷是为测量行业提供自律规范，鼓励成员遵从这些标准，但成员能否实际遵从，全凭成员的自觉；美国心理学会虽然制定了常规的政策来监控其伦理指南的执行，但违反规范的成本较低，最多是被组织开除。❶

二、加强以课堂教学评价为主题的教师教育课程的开发

　　如果真的像一些教师宣称的那样，他们作为教师的发展完全取决于他们的专业实践，那么制度化的教师教育就没有存在的必要和价值了。然而，制度化

---

❶ Commission on Bchavioral and Social Sciences and Education：*High Stakes: Testing for Tracking, Promotion and Graduation*，Washington. D. C.: National Academy Press, 1999: 250。

的教师教育在经过几百年之后不仅没有消亡，而且得到了巨大的发展，从职前教育发展到职前、职后和在职教育一体化就是这种发展的表现之一。即使这种现象不能证明制度化的教师教育具有巨大的价值，也至少表明制度化的教师教育尚未丧失其存在的依据。当然，对教师教育成效的贬低甚至否定、对教师教育的诸多批评并非没有根据，许多教师都经历了教师教育过程却对该过程"无感"，很可能是因为教师教育的某些方面存在问题，如教师教育课程。

（一）建设以实践为取向的课堂教学评价教师教育课程

传统的教师教育课程的确存在很多问题，它们关注最多的问题也许就是理论脱离实践。从表面来看，这一问题指向教师教育课程的内容，但从本质来看，这一问题的核心在于教师教育的目标定位，即培养学问家还是专业实践者。概括地说，教师教育在这一问题上的思维历来混乱，其经典表现是所有教师教育项目都似乎很明确地指向对于教师的培养，但从包括课程设置、课程内容在内的实际培养过程来看，其更多地指向对教育学者的培养。例如，在教师教育过程中，除了见习、实习，其他课程门类更多源于学科，甚至直接借用学科的名称，如"教育学"和"课程与教学论"的课程内容更强调学科知识的体系，强调知识体系的完整性。这种混乱导致了当前教师教育的诸多困境。

学术与专业十分不同。学术致力于发展更多或更接近于真理的知识，专业则关注用行动或实践带来变化。[1]因此，"学者需要的训练主要是知识的获得和对真理的探索，而专业工作者需要的训练主要是发展植根于深思的有基础的原理之中的实践知能"[2]。学者与专业工作者的比较见表7-2。

表7-2　学者与专业工作者的比较

学者	专业工作者
主要关注抽象的思考 为提升思考而行动 兴趣在于发现真理 不必直接反映现实实践的变化 通过出版物（短期）和对真实世界的思考和行动的影响（长期）来进行评价	主要关注实时的行动 为改善行动而思考 兴趣在于找到有作用的东西 要直接反映真实世界的变化 根据行动带来的变化的价值进行评价

[1] 崔允漷，王少非：《教师专业发展即专业实践的改善》，教育研究，2014（9）：77-82。

[2] Ur, P.: *Teacher Learning*, ELT Journal，1992，46（1）：56-61。

由表可知，要想培养专业工作者，教师教育课程的建设就必须秉持实践取向。实践取向的教师教育课程建构"不应遵循学科逻辑，不应过度强调学科体系的完整性，而应当遵循实践逻辑，从教育现实问题出发，关注当前教育改革中的热点难点问题，分析教师的专业实践需求，围绕实践问题来组织教师教育课程"❶。虽然实践问题应是教师教育课程的源泉，但是这并不意味着教师教育课程只应提供实践场景中的那些实践，也不意味着实践场景中有什么，教师教育课程就应提供什么。实际上，教师教育课程真正应当特别关注的是实践中的那些具有"高杠杆率"的活动，即对教育目标的实现具有重要影响的实践。尽管在不同学者那里，对目标达成影响最大的因素可能各不相同，但格罗斯曼（Grossman）等认为，以下一些实践是能够被普遍认为具有"高杠杆率"的：

第一，教学中频繁发生的实践；

第二，新手在各种不同课程和教学方法的课堂中会碰到的实践；

第三，新手实际上开始掌握的实践；

第四，让新手对学生和教学有更多了解的实践；

第五，体现了教学的完整性和复杂性的实践；

第六，基于研究的有改进学生成就的潜力的实践。

课堂教学评价就属于这样一种具有"高杠杆率"的实践。它在教学中频繁发生，无论什么样的课程，无论采用什么样的教学方法，都离不开课堂教学评价。斯蒂金斯估计，一个教师的专业时间中约有一半花在与评价相关的活动上。很多研究证明，课堂教学评价具有提升学生成就的巨大潜力——布莱克（Blake）和威廉（William）的经典研究就表明课堂教学评价的改善对学习改善具有明显的效果，这种效果对于低成就者尤其明显。斯蒂金斯甚至说："任何课堂教学的质量最终都取决于所运用的评价的质量。"

尽管有人相信评价技能是在课堂中通过试误发展起来的，但是大部分教师都认为，对课堂教学评价实践影响最大的是关于课堂教学评价的教师教育课程。

（二）教师课堂教学评价发展培训项目

教师课堂教学评价发展培训项目的目标是使培训对象能够通过参与培训，

---

❶ 王少非：《教师教育课程的实践取向：何为与为何》，教师教育研究，2013（5）：72-75。

树立"促进学习的课堂教学评价"的理念，掌握构成教师评价素养核心的评价知识和技能，有效反思自身的课堂教学评价实践，明显提升自身的课堂教学评价素养。教师课堂教学评价发展培训项目的具体目标如下。

①获得前沿的课堂教学评价的理论观念，形成"促进学习的评价"的理念。

②获得比较扎实的课堂教学评价的实践素养，包括学会如何确定课堂教学评价的目标、设计课堂教学评价的任务、解释评价任务实施中得到的证据、根据评价结果做出有效反馈等方面。

③能够依据课堂教学评价原理反思自身的提问和理答，作业设计和批改，试卷编制、批改和讲评，学生成绩报告等实践，能够将项目所涉的评价原理转化为实践，有意识地改善课堂教学评价实践。

培训内容包括两大领域，分别是理论和实践。理论内容主要关注两部分：一是前沿的课堂教学评价观念的理论，包括对课堂教学评价内涵和功能的重新定位和从整体性思维的角度提出课堂教学评价的基本模型和必要要素。前者主要解决"是什么"和"为什么"的问题，后者主要解决"整体上应该如何做"的问题。二是切实的课堂教学评价实践的理论，是为了解决"具体可以怎么做"的问题，依据课堂教学评价实施的基本逻辑可以分为四个部分：

第一，课堂教学评价目标的确定；

第二，课堂教学评价任务的设计；

第三，课堂教学评价证据的解释；

第四，课堂教学评价结果的反馈。第一个部分包括厘清不同层次的评价目标、基于课程标准确定评价目标、三维学习目标的统整，核心是给予教师课程—教学—学习—评价的目标一致性的观念。第二个部分包括表现性任务和评分规则的设计、不同类型试题的编制和评分、高质量的提问技术。第三个部分包括依据评分规则进行的正式解释，以及根据课堂观察和提问进行的非正式解释，这两方面同样重要。第四个部分着重于运用评价结果向学生提供反馈，主要关注有效反馈的基本原理，以及对作业批改、试卷批改和讲评等实践活动的启示。

实践部分主要为课程实践，穿插在专题教学过程中，如课堂教学评价任务设计部分安排了表现性任务和课堂提问技术以及试题和作业设计方面的实践，具体见表7-3。

表 7-3 课堂教学评价培训项目内容框架

模块	专题名称	学时
课堂教学评价的观念	促进学生学习：课堂教学评价的大观念	4
	课堂教学评价：教师需要知道什么	4
课堂教学评价的实践性知识	课堂教学评价任务设计一：表现性任务设计	4
	课堂教学评价任务设计二：课堂提问技术	4
	课堂教学评价任务设计三：试题和作业设计	4
	课堂教学评价结果的反馈	4
课堂教学评价技术操作	试题和作业分析实践	4
	表现性任务设计实践	4

三、改造教师的课堂教学评价实践

毋庸置疑，既然教师是一个实践的专业，那么实践必然是教师专业发展的重要源泉。没有实践提供的机会，即使教师拥有相关的知识，这些知识也无法真正成为教师的专业素养。退一步讲，即使这些知识构成了教师的专业素养，没有实践提供的情境，这些知识也没有应用的机会，真正意义上的素养也就无从体现。这就是我国古代思想家王充所说的"施用累能"。然而，虽然实践是教师专业发展的源泉，但是这并不意味着实践必然会促进我们专业素养的发展或提升。比如，应试的实践可能导致部分教师的"为考而教"或"提分"的能力得到提升，但是这种能力显然完全是反专业的。

当前教师的日常评价实践很难有效支持我们所期望的课堂教学评价素养的发展。教师参与评价的经历并不能对教师评价素养的发展起到明显的促进作用，根本原因在于教师日常的评价专业实践存在严重缺陷。具体而言，由于高利害考试成为教师关注的焦点，教师的课堂教学评价在形式和内容上都尽可能向高利害考试靠拢，甚至根本没有展开真正的课堂教学评价实践；许多教师没有机会参与课堂教学评价的全过程，只能作为课堂教学评价的实施者、评分者，很少有机会参与试题的编制和评分标准的编制；教师在评价过程中经常与同事隔绝，大部分教师都不了解同事的评价实践，学校与学校之间的隔绝甚至更为明显，有些自己编制试卷的学校只在讲评时将试卷发还给学生，然后当堂收回，用意是不让其他学校获得自己编制的试题，为此甚至愿意付出丧失有效反馈的代价。这种实践显然难以对教师评价素养的专业发展起到有效的促进作用。就此而言，要想实现我们所期望的课堂教学评价素养的发展，就必须对教师现有的评价实践加以改造。

在当前大的课堂教学评价环境尚无实质性改变之时，要想让教师放弃在他们看来行之有效的实践无异于是一种颠覆，很难为教师们所接受。但是，如果只改变教师课堂教学评价实践中的某些做法，或者在课堂教学评价实践中加入一些新元素，教师会很容易接受，而且更容易操作。因此，在经过一段时间的实践之后，这种新的做法就可能成为教师新的实践惯例。比如，在与X学校的合作研究中，尽管教师自编作业的实践还比较少见，但是"不经选择不布置"已经成为教师的共识和实践常规；与W学校的合作研究强调在基于课程标准的教学设计中将"评价设计"提前，即在明确教学目标之后、设计教学过程之前就设计好作业或测验。经过一段时间的实践之后，教师已经形成根据课程标准来选择和设计作业的意识和习惯。这种小步子的实践改造逐步促使课堂教学评价实践发生了改变，而只有这种蕴含着我们所期望的课堂教学评价素养的实践才能真正促进教室课堂教学评价素养的发展。虽然目前还缺乏有关教师课堂教学评价素养提升的有说服力的量化证据，但是从教师专业发展的基本原理来推演，镶嵌于教师专业实践之中的专业发展活动改造了教师的专业实践，而经过改造的专业实践能够有效地推动教师专业素养的发展。

不过，我们必须认识到，如果"施用累能"是必然的，那么，"施用"的"累能"速度、所"累"之"能"能够达到的高度未必完全取决于"施用"本身，否则也就无法解释为何不同的教师从事相同的实践，却不能达到同等的发展高度。换言之，教师专业发展的速度以及能够达到的高度，不仅依赖于教师所从事的实践，也有赖于其他因素的作用，如对实践的反思。❶

---

❶ 来源于教师成长公式，即"教师成长＝经验＋反思"。

参考文献

[1]张广渊. 基于慕课模式的课程建设与教学实践研究[M]. 北京：中国水利水电出版社，2019.

[2]王静. 学科核心素养的培养与课堂教学转型[M]. 天津：天津教育出版社，2019.

[3]高宏. 这样教学很有效：任务驱动式课堂教学[M]. 天津：天津教育出版社，2019.

[4]盛春荣，沈国明，蒋云兵. 新课程与体验式教学[M]. 杭州：浙江工商大学出版社，2018.

[5]杨小微，等. 从被动接受到主动学习：教学改革发展之路[M]. 上海：华东师范大学出版社，2018.

[6]王少非等. 促进学习的课堂评价[M]. 上海：华东师范大学出版社，2018.

[7]徐学福. 探究学习教学模式[M]. 北京：人民出版社，2018.

[8]陈多仁. 课堂教学评价[M]. 北京：高等教育出版社，2017.

[9]王明海，等. 成果导向高职课程实施[M]. 北京：高等教育出版社，2016.

[10]冯光伟. 课堂教学设计理论与实践[M]. 北京：科学出版社，2016.

[11]卢金辉. 中职学校"任务驱动式翻转课堂"教学模式的探索与实践[J]. 职业，2020（2）：61-62.

[12]曾秋河. 任务驱动型教学模式与体验式教学模式对比研究：以"创新创业基础"课程为例[J]. 文教资料，2020（9）：187-190，207.

[13]王延新，王志. 基于OBE理念的"时间序列分析"课堂教学改革探索[J]. 宁波工程学院学报，2020，32（1）：117-121.

[14]周锦忠，孙志煌. 基于学科核心素养的课堂教学有效互动的实践途径[J]. 福建基础

教育研究，2020（8）：50-52.

[15]张艳明，桂忠艳，李巍巍．信息技术环境下智慧课堂的构建研究[J]．教学与管理，2020（12）：95-97.

[16]龚芙蓉．基于成果导向的信息素养混合式教学深化路径探析[J]．高校图书馆工作，2020，40（5）：46-49，70.

[17]宋祯彦，朱旭，刘晓丹，等．任务驱动式"翻转课堂"教学法的探索：以科研思路与方法课程教学为例[J]．教育教学论坛，2020（27）：266-267.

[18]戚穗坚，王永华，蓝东明，等．慕课结合翻转课堂的课程启发式教学探究[J]．广州化工，2020，48（17）：172-174.

[19]李文明．课堂教学评价的"五项核心指标"解析[J]．中学语文，2020（24）：74-76.

[20]李园林，杨执潮，邓猛，等．培智课堂教学评价价值取向刍议[J]．中国特殊教育，2020（5）：28-32.

[21]王国辉．核心素养视野下的课堂教学评价体系校本化初探[J]．天津教育，2020（18）：179-180.

[22]邵宇，贾晓东．与科研结合的探究式教学实践探索[J]．现代职业教育，2020（6）：132-134.

[23]赵学孔，龙世荣．混合式教学模式下教学质量多元评价研究[J]．教育教学论坛，2020（36）：39-40.

[24]张鸿强，林佳．体验式教学模式下，培养高中生文化意识的途径探索[J]．校园英语，2020（25）：196-197.

[25]王广林．基于慕课平台的翻转课堂的教学模式研究[J]．教育教学论坛，2020（36）：299-300.

[26]朱焰．高职线上翻转课堂教学评价指标体系构建探究[J]．扬州职业大学学报，2020，24（2）：48-53.

[27]邢红军，田望璇．课堂教学评价理论：反思与建构[J]．课程·教材·教法，2020，40（6）：53-58.

[28]沈桂芳，王胜和，杜琰琪．基于OBE的翻转课堂混合式教学模式研究：以"计算机网络基础"课程为例[J]．现代信息科技，2020，4（9）：179-181.

[29]商明蕊．对分课堂与成果导向教学模式有效结合的思考与实践[J]．中外企业家，2020（7）：197-198.

[30]江婉璐．转型视阈下体验式教学的研究与实践[J]．教育现代化，2020，7（23）：26-29.

[31]夏衍. 网络学习空间下学生开展自主、合作、探究式学习的研究[J]. 中华少年, 2019（4）：267.

[32]张鹏. 探究式课堂教学设计：提升学生自主学习能力的教学模式探索[J]. 现代职业教育, 2019（3）：1-3.

[33]吴淑娟. 探究式教学模式在高校信息素养课堂中的应用：重塑慕课背景下传统课堂教学的价值[J]. 高校图书馆工作, 2019, 39（4）：46-50, 92.

[34]王静. 开展探究式教学, 培养学生的自主学习意识[J]. 语数外学习（高中版中旬）, 2019（12）：55.

[35]郑海永, 任新敏, 王楠, 等. 新工科背景下任务驱动式混合教学实践[J]. 中国现代教育装备, 2019（5）：92-94.

[36]李宇. 基于"翻转课堂"的探究式教学模式设计[J]. 软件导刊（教育技术）, 2019, 18（5）：60-61.

[37]乔姗姗, 胡胜男, 敬卿. 翻转课堂教学与信息检索教材协调发展研究[J]. 文献与数据学报, 2019, 1（3）：107-114.

[38]胡双. 探究式教学模式下自主学习能力的培养[J]. 新课程（下）, 2019（1）：192.

[39]冯瑞琳, 刘宏. 基于成果导向的混合式教学模式探究[J]. 教育现代化, 2019, 6（53）：237-239.

[40]何黄. 基于学科素养发展的课堂教学优化策略[J]. 中学语文, 2018（12）：86-87.

[41]袁淑华. 高职院校任务驱动式混合教学模式探索[J]. 产业与科技论坛, 2018, 17（21）：170-171.

[42]付振桐. 浅议高校课堂教学改革与人才培养质量影响[J]. 文教资料, 2019（4）：200-201.

[43]Fu Zhentong. Research on Curriculum Attainment Evaluation System Based on Learning Outcomes in Universities[J]. Journal of Contemporary Educational Research, 2020, 4（9）：24-28.

后 记

课堂教学关系到学生的学习成绩和未来发展，同时也与教师的教学任务和业绩息息相关。为了实现学校的教学目标，完成课堂教学任务，应对课堂教学模式进行创新，并采取合理的评价方式，使学生能够更好地参与课堂教学。

学生是课堂教学的主体，传统教学方式由于忽略了这一点，导致学生不能很好地参与到课堂教学之中，从而造成了被动学习的局面。因此，要对陈旧的教学模式进行改革，采取多元化的教学模式，让学生能够主动参与课堂教学，同教师平等对话，更好地接受所要学习的知识和技能，获得全方位的发展。同时，教师也要做好对学生的课堂教学评价，因为好的课堂教学评价能够对学生产生积极的作用。

在撰写本书的过程中，笔者查阅了大量的资料，拜访了许多专家、学者，同时结合自身的经验，深入探索了课堂教学模式的发展情况，并从众多的视角出发，分析了课堂教学模式，分析了课堂教学评价对课堂教学的影响。希望本书能够为广大教师的课堂教学提供参考。

笔者在撰写本书的过程中，参考了一些前人的资料和成果，在此向他们表示深深的敬意和谢意；同时，笔者也要感谢给予笔者支持的众多专家、领导、同事等，更要感谢亲人的陪伴。

由于笔者水平有限，本书难免存在不足，望各位读者能够批评指正。

著 者

2021年2月